KB244869

다락원 일본어 독해

초급에서 중급으로

다락원

　本書は、初級段階の日本語学習を終え、中級に進む学習者のための総合型読解用教科書です。この教科書では、読むことに加え、本文の中で新しい文型や語彙を学び、書く練習や聞く練習を通してそれを身につけることを目指しています。

　各課のトピックには、ゲームやファッションといった身近なものから、日本の昔話や偉人の伝記、動物保護のような社会問題まで、学習者自身の関心を引くために幅広いテーマを取り入れました。課の配列は基本的に、身近なテーマからより社会的・一般的なテーマへと並べてありますが、どの課から進めても構いません。授業の目的やカリキュラムに合わせて、自由に使ってください。

　課の構成は、導入部(課のタイトル・説明・主要文型)、本文、読解問題、本文中の単語や表現一覧、文型ノート(説明・例文・単語や表現)、文法練習問題、会話文(聴解問題)となっています。文型説明や単語説明には韓国語での説明や対訳が付いていますから、初級を終えたばかりの人も、それを参考にしながら問題に取り組むことができます。また、会話文では友人や同僚同士での会話を想定し、話し言葉やくだけた表現も多く使っています。

　本文や練習問題の文型・語彙は、日本語能力検定(JLPT)N3を中心に、教科書の後半に進むにつれてN2のものも採用しました。難しい漢字には読みがなが付いていますが、文字の下にルビを振っているので、それを隠しながら読むことで漢字の練習もできます。

　楽しみながら学習することができるよう、さまざまな工夫の詰まった一冊です。この教科書が韓国の学習者たちの日本語学習、そして日本語教育にとっての一助となることを願います。最後に、本書の編集・出版にあたりご尽力いただいた多楽園の皆様に、心より感謝申し上げます。

2011年10月

著者一同

　본 교재는 초급 단계의 일본어 학습을 끝내고 중급으로 나아가는 학습자를 위한 종합형 독해 교재입니다. 이 교재에서는 읽는 것에 더하여, 본문 안에서 새로운 문형이나 어휘를 공부하고, 쓰는 연습이나 듣는 연습을 통해 그것을 익히는 것을 목적으로 하고 있습니다.

　각 과의 토픽에는 게임이나 패션과 같은 우리 생활에 가까운 주제부터, 일본의 옛날이야기나 위인의 전기, 동물보호와 같은 사회문제까지, 학습자 자신의 관심을 끌기 위해서 폭넓은 테마를 도입하였습니다. 과의 배열은 기본적으로 우리 생활과 가까운 테마부터 보다 사회적이고 일반적인 테마로 나열되어 있습니다만, 어느 과부터 시작해도 상관없습니다. 수업의 목적이나 커리큘럼에 맞추어 자유롭게 사용해 주세요.

　과의 구성은 도입부(과의 표제ㆍ설명ㆍ주요문형), 본문, 독해문제, 본문안의 단어나 표현 일람, 문형노트(설명ㆍ예문ㆍ단어나 표현), 문법 연습문제, 회화문(청해문제)으로 되어 있습니다. 문형 설명이나 단어설명에는 한국어로 된 설명이나 대역이 달려 있기 때문에, 초급을 이제 막 마친 학습자도 그것을 참고로 하면서 문제에 임할 수 있습니다. 또한 회화문에서는 친구나 동료끼리의 대화를 상정하여 회화체나 반말체 표현도 많이 사용하고 있습니다.

　본문이나 연습문제의 문형ㆍ어휘는 일본어능력시험(JLPT) N3을 중심으로, 교재 후반으로 나아갈수록 N2의 문형도 채용했습니다. 어려운 한자에는 읽는 법이 달려 있지만, 글자 아래에 있기 때문에, 그것을 가리면서 읽음으로써 한자 연습도 가능합니다.

　즐겁게 학습할 수 있도록 다양한 연구가 집약된 교재입니다. 이 교재가 한국 학습자들의 일본어 학습, 그리고 일본어 교육에 있어서 일조가 되기를 바랍니다. 마지막으로 본서의 편집ㆍ출판에 있어 힘써 주신 다락원의 관계자 여러분께 진심으로 감사드립니다.

2011년 10월

저자 일동

「다락원 일본어 독해 −초급에서 중급으로−」는 총 20과로 구성되어 있으며, 각 과에는 주요문형
/본문/독해문제/문형연습/연습문제/회화로 이루어져 있습니다.

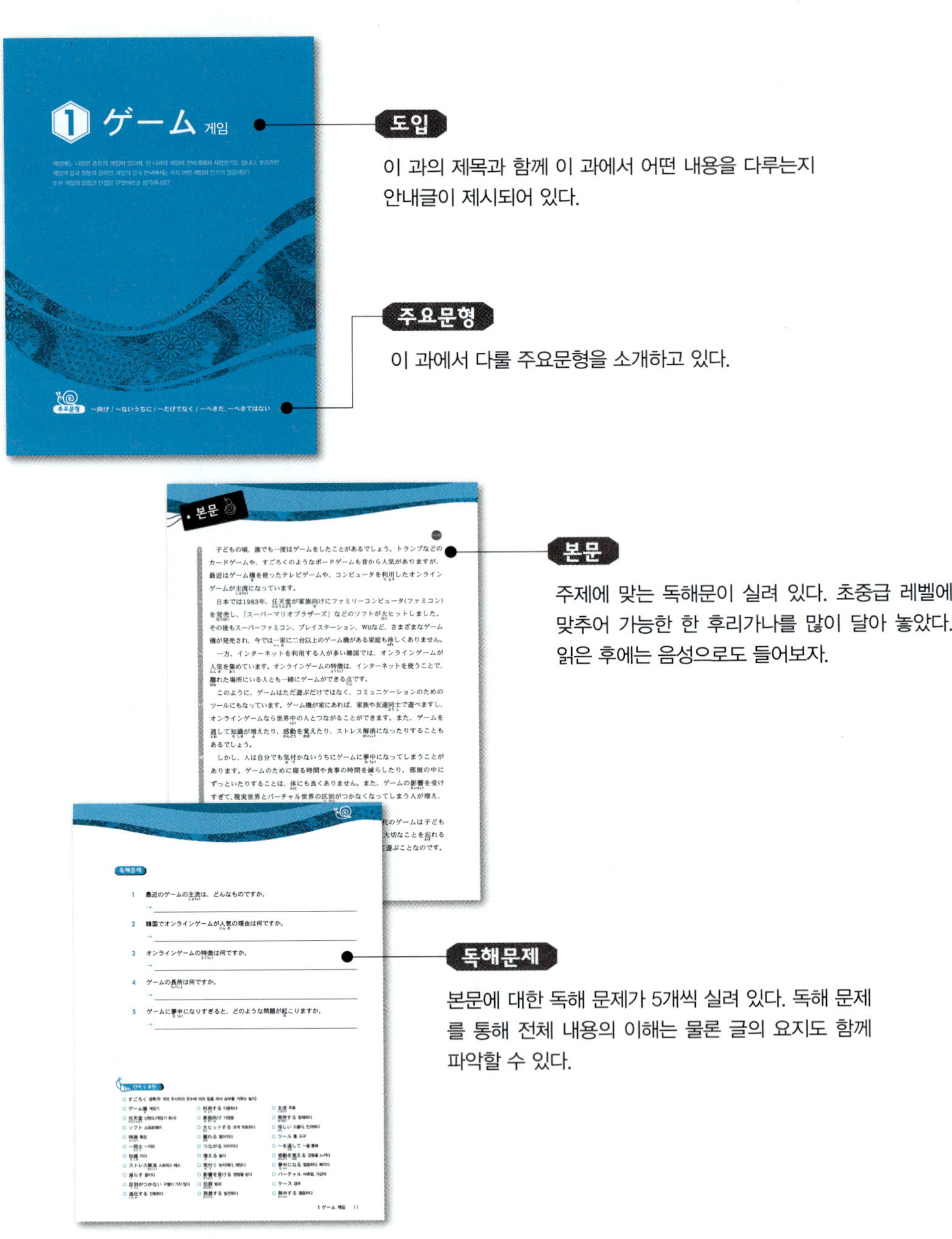

도입

이 과의 제목과 함께 이 과에서 어떤 내용을 다루는지
안내글이 제시되어 있다.

주요문형

이 과에서 다룰 주요문형을 소개하고 있다.

본문

주제에 맞는 독해문이 실려 있다. 초중급 레벨에
맞추어 가능한 한 후리가나를 많이 달아 놓았다.
읽은 후에는 음성으로도 들어보자.

독해문제

본문에 대한 독해 문제가 5개씩 실려 있다. 독해 문제
를 통해 전체 내용의 이해는 물론 글의 요지도 함께
파악할 수 있다.

문형연습

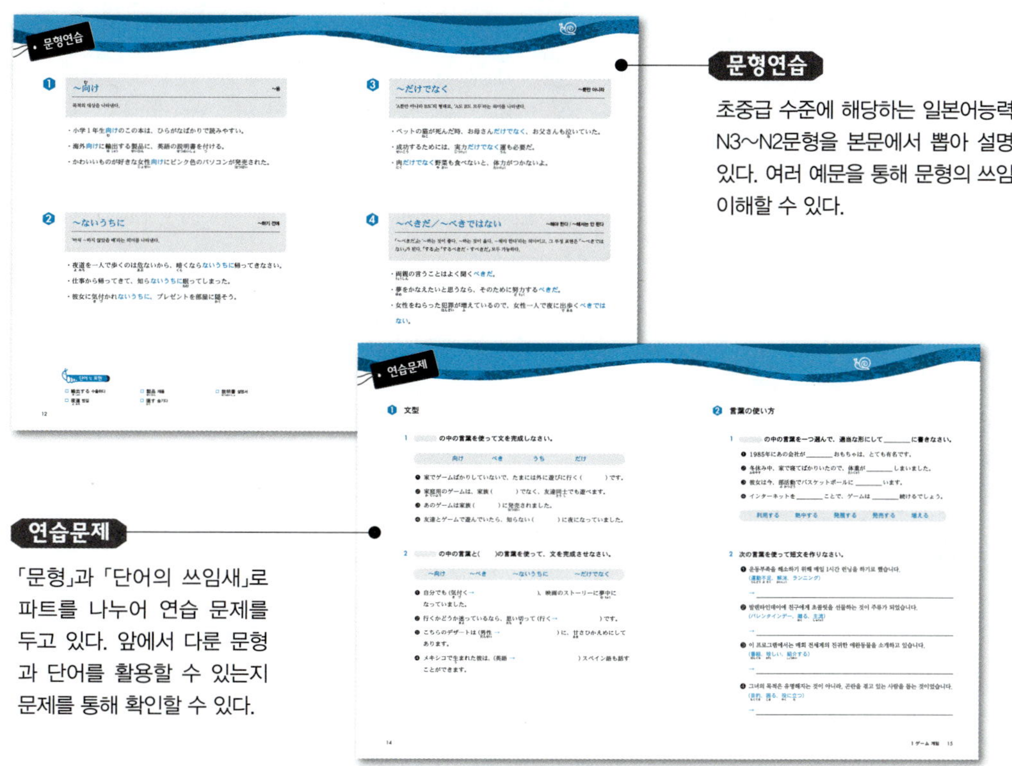

초중급 수준에 해당하는 일본어능력시험 N3~N2문형을 본문에서 뽑아 설명하고 있다. 여러 예문을 통해 문형의 쓰임새를 이해할 수 있다.

연습문제

「문형」과 「단어의 쓰임새」로 파트를 나누어 연습 문제를 두고 있다. 앞에서 다룬 문형과 단어를 활용할 수 있는지 문제를 통해 확인할 수 있다.

회화

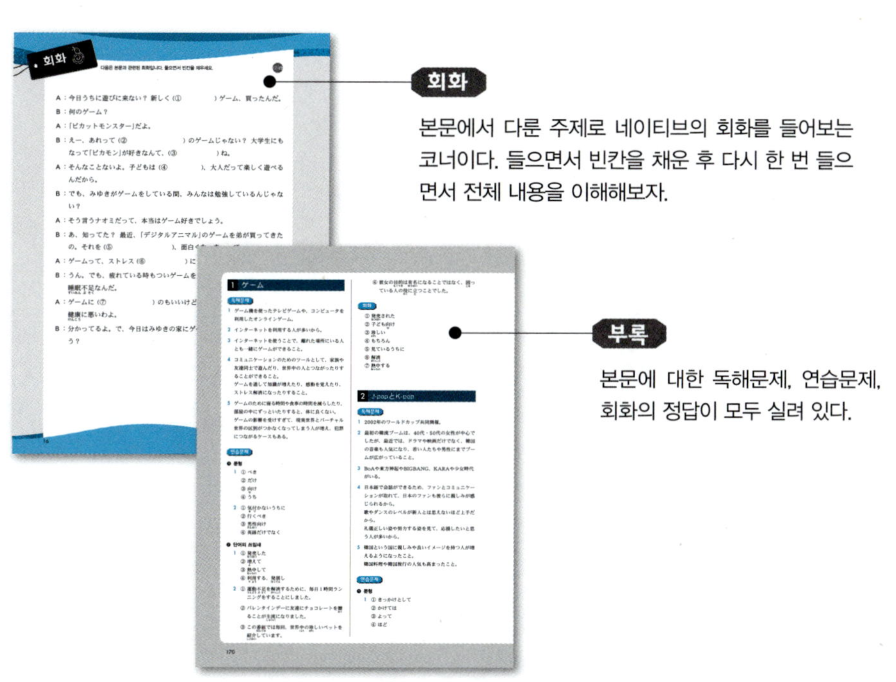

본문에서 다룬 주제로 네이티브의 회화를 들어보는 코너이다. 들으면서 빈칸을 채운 후 다시 한 번 들으면서 전체 내용을 이해해보자.

부록

본문에 대한 독해문제, 연습문제, 회화의 정답이 모두 실려 있다.

① ゲーム 게임

세상에는 다양한 종류의 게임이 있으며, 한 나라의 게임이 전세계에서 사랑받기도 합니다. 오프라인
게임의 강국 일본과 온라인 게임의 강국 한국에서는 각각 어떤 게임이 인기가 많을까요?
또한 게임의 장점과 단점은 무엇이라고 생각하나요?

주요문형　～向け / ～ないうちに / ～だけでなく / ～べきだ, ～べきではない

Track-01

子どもの頃、誰でも一度はゲームをしたことがあるでしょう。トランプなどのカードゲームや、すごろくのようなボードゲームも昔から人気がありますが、最近はゲーム機を使ったテレビゲームや、コンピュータを利用したオンラインゲームが主流になっています。

日本では1983年、任天堂が家族向けにファミリーコンピュータ(ファミコン)を発売し、「スーパーマリオブラザーズ」などのソフトが大ヒットしました。その後もスーパーファミコン、プレイステーション、Wiiなど、さまざまなゲーム機が発売され、今では一家に二台以上のゲーム機がある家庭も珍しくありません。

一方、インターネットを利用する人が多い韓国では、オンラインゲームが人気を集めています。オンラインゲームの特徴は、インターネットを使うことで、離れた場所にいる人とも一緒にゲームができる点です。

このように、ゲームはただ遊ぶだけではなく、コミュニケーションのためのツールにもなっています。ゲーム機が家にあれば、家族や友達同士で遊べますし、オンラインゲームなら世界中の人とつながることができます。また、ゲームを通して知識が増えたり、感動を覚えたり、ストレス解消になったりすることもあるでしょう。

しかし、人は自分でも気付かないうちにゲームに夢中になってしまうことがあります。ゲームのために寝る時間や食事の時間を減らしたり、部屋の中にずっといたりすることは、体にも良くありません。また、ゲームの影響を受けすぎて、現実世界とバーチャル世界の区別がつかなくなってしまう人が増え、犯罪につながるケースもあるといわれています。

時代が進化し、ゲームはますます発展しています。現代のゲームは子どもだけでなく、大人も熱中するものになりました。しかし、大切なことを忘れるべきではありません。いつの時代もゲームの目的は、楽しく遊ぶことなのです。

1　最近のゲームの主流は、どんなものですか。
しゅりゅう
→ ____

2　韓国でオンラインゲームが人気の理由は何ですか。
にんき
→ ____

3　オンラインゲームの特徴は何ですか。
とくちょう
→ ____

4　ゲームの長所は何ですか。
ちょうしょ
→ ____

5　ゲームに夢中になりすぎると、どのような問題が起こりますか。
むちゅう　　　　　　　　　　　　　　　　　　　　　　　　　　お
→ ____

단어 및 표현

- □ すごろく 쌍륙(두 개의 주사위의 끗수에 따라 말을 써서 승부를 겨루는 놀이)

□ ゲーム機 게임기	□ 利用する 이용하다	□ 主流 주류
□ 任天堂 닌텐도(게임기 회사)	□ 家族向け 가정용	□ 発売する 발매하다
□ ソフト 소프트웨어	□ 大ヒットする 크게 히트하다	□ 珍しい 드물다, 진귀하다
□ 特徴 특징	□ 離れる 떨어지다	□ ツール 툴, 도구
□ ~同士 ~끼리	□ つながる 이어지다	□ ~を通して ~을 통해
□ 知識 지식	□ 増える 늘다	□ 感動を覚える 감동을 느끼다
□ ストレス解消 스트레스 해소	□ 気付く 눈치채다, 깨닫다	□ 夢中になる 열중하다, 빠지다
□ 減らす 줄이다	□ 影響を受ける 영향을 받다	□ バーチャル 버츄얼, 가상의
□ 区別がつかない 구별이 가지 않다	□ 犯罪 범죄	□ ケース 경우
□ 進化する 진화하다	□ 発展する 발전하다	□ 熱中する 열중하다

❶ 〜向^むけ

~용

목적의 대상을 나타낸다.

・小学１年生向^むけのこの本は、ひらがなばかりで読みやすい。

・海外向けに輸出^{ゆしゅつ}する製品^{せいひん}に、英語の説明書^{せつめいしょ}を付^つける。

・かわいいものが好きな女性^{じょせい}向けにピンク色のパソコンが発売^{はつばい}された。

❷ 〜ないうちに

~하기 전에

'아직 ～하지 않았을 때'라는 의미를 나타낸다.

・夜道^{よみち}を一人で歩くのは危^{あぶ}ないから、暗^{くら}くならないうちに帰ってきなさい。

・仕事から帰ってきて、知らないうちに眠^{ねむ}ってしまった。

・彼女に気付^{きづ}かれないうちに、プレゼントを部屋に隠^{かく}そう。

 단어 및 표현

□ 輸出^{ゆしゅつ}する 수출하다　　□ 製品^{せいひん} 제품　　□ 説明書^{せつめいしょ} 설명서

□ 夜道^{よみち} 밤길　　□ 隠^{かく}す 숨기다

12

3 ～だけでなく

～뿐만 아니라

'A뿐만 아니라 B도'의 형태로, 'A도 B도 모두'라는 의미를 나타낸다.

- ペットの猫が死んだ時、お母さん**だけでなく**、お父さんも泣いていた。
- 成功するためには、実力**だけでなく**運も必要だ。
- 肉**だけでなく**野菜も食べないと、体力がつかないよ。

4 ～べきだ／～べきではない

～해야 한다 / ～해서는 안 된다

「～べきだ」는 '～하는 것이 좋다, ～하는 것이 옳다, ～해야 한다'라는 의미이고, 그 부정 표현은 「～べきではない」가 된다. 「する」는 「するべきだ・すべきだ」 모두 가능하다.

- 両親の言うことはよく聞く**べきだ**。
- 夢をかなえたいと思うなら、そのために努力する**べきだ**。
- 女性をねらった犯罪が増えているので、女性一人で夜に出歩く**べきではない**。

단어 및 표현

- ☐ 成功する 성공하다
- ☐ 野菜 채소
- ☐ 努力する 노력하다
- ☐ 実力 실력
- ☐ 体力がつく 체력이 붙다
- ☐ ねらう 노리다
- ☐ 運 운
- ☐ かなえる 이루다
- ☐ 出歩く 나다니다

① 文型

1 ＿＿＿＿の中の言葉を入れて文を完成させなさい。

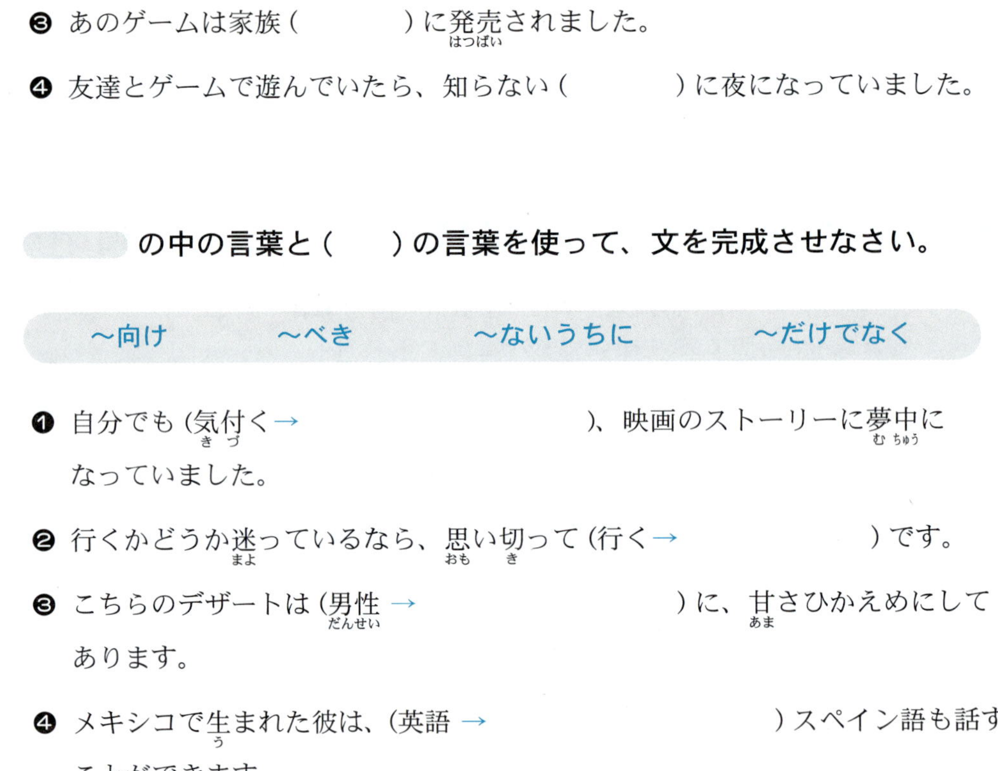

| 向け | べき | うち | だけ |

❶ 家でゲームばかりしていないで、たまには外に遊びに行く（　　　　）です。

❷ 家庭用のゲームは、家族（　　　　）でなく、友達同士でも遊べます。

❸ あのゲームは家族（　　　　）に発売されました。

❹ 友達とゲームで遊んでいたら、知らない（　　　　）に夜になっていました。

2 ＿＿＿＿の中の言葉と（　　）の言葉を使って、文を完成させなさい。

| 〜向け | 〜べき | 〜ないうちに | 〜だけでなく |

❶ 自分でも（気付く→　　　　　　　）、映画のストーリーに夢中になっていました。

❷ 行くかどうか迷っているなら、思い切って（行く→　　　　　　　）です。

❸ こちらのデザートは（男性→　　　　　　　）に、甘さひかえめにしてあります。

❹ メキシコで生まれた彼は、（英語→　　　　　　　）スペイン語も話すことができます。

❷ 言葉の使い方

1 ░░░░░ の中の言葉を一つ選んで、適当な形にして ________ に書きなさい。

❶ 1985年にあの会社が ________ おもちゃは、とても有名です。

❷ 冬休み中、家で寝てばかりいたので、体重が ________ しまいました。

❸ 彼女は今、部活動でバスケットボールに ________ います。

❹ インターネットを ________ ことで、ゲームは ________ 続けるでしょう。

利用する　　　熱中する　　　発展する　　　発売する　　　増える

2 次の言葉を使って短文を作りなさい。

❶ 운동부족을 해소하기 위해 매일 1시간 런닝을 하기로 했습니다.
(運動不足、解消、ランニング)

→ ______________________________

❷ 발렌타인데이에 친구에게 초콜릿을 선물하는 것이 주류가 되었습니다.
(バレンタインデー、贈る、主流)

→ ______________________________

❸ 이 프로그램에서는 매회 전세계의 진귀한 애완동물을 소개하고 있습니다.
(番組、珍しい、紹介する)

→ ______________________________

❹ 그녀의 목적은 유명해지는 것이 아니라, 곤란을 겪고 있는 사람을 돕는 것이었습니다.
(目的、困る、役に立つ)

→ ______________________________

A：今日うちに遊びに来ない？　新しく（①　　　　　　　）ゲーム、買ったんだ。

B：何のゲーム？

A：「ピカットモンスター」だよ。

B：えー、あれって（②　　　　　　　　）のゲームじゃない？　大学生にも
　なって「ピカモン」が好きなんて、（③　　　　　　）ね。

A：そんなことないよ。子どもは（④　　　　　　）、大人だって楽しく遊べる
　んだから。

B：でも、みゆきがゲームをしている間、みんなは勉強しているんじゃな
　い？

A：そう言うナオミだって、本当はゲーム好きでしょう。

B：あ、知ってた？　最近、「デジタルアニマル」のゲームを弟が買ってきた
　の。それを（⑤　　　　　　　　）、面白くなっちゃって。

A：ゲームって、ストレス（⑥　　　　　　　）にもなるんだよね。

B：うん。でも、疲れている時もついゲームをしちゃって、最近ちょっと
　睡眠不足なんだ。
　すいみん ぶ そく

A：ゲームに（⑦　　　　　　　）のもいいけど、夜はちゃんと眠らないと、
　　　　　　　　　　　　　　　　　　　　　　　ねむ
　健康に悪いわよ。
　けんこう

B：分かってるよ。で、今日はみゆきの家にゲームしに行っていいんでしょ
　う？

J-pop과 K-pop

요즘 일본에서는 K-pop의 인기가 하늘로 치솟고 있습니다. 한편 한국에도 J-pop을 좋아하는 젊은이가 많은데요. 이러한 문화 교류는 양국 이미지에 어떤 영향을 미칠까요?

주요문형

~をきっかけに・～をきっかけとして / ～ほど～はない・
～くらい～はない / ～にかけては / ～によって

Track-03

日本では、2002年のワールドカップ共同開催をきっかけとして、韓国への関心が高くなりました。そして、2003年に『冬のソナタ』が放映されると、いわゆる「韓流ブーム」が起こりました。当時の韓流ブームは、40代・50代の女性が中心でしたが、最近では、ドラマや映画だけでなく、韓国の音楽も人気になり、若い人たちや男性にまでブームが広がっています。今ほど、日本で大きな韓流ブームが起きたことは、これまでにありません。日本人にとって、韓国はどんどん身近な国になってきているのです。

K-pop歌手の先駆けになったのは、BoAでした。BoAが日本でも成功すると、その後、東方神起やBIGBANGなど韓国で人気の男性グループも日本に進出しました。2010年には、KARAや少女時代といった女性グループが話題になり、今では、テレビで韓国人歌手を見ない日はありません。

彼らの成功の理由の一つは、日本語で会話ができることです。日本のテレビ番組に出演したり、コンサートなどでファンとコミュニケーションを取ったりするので、日本のファンも彼らに親しみが感じられます。さらに、歌やダンスのレベルにかけては、新人とは思えないほど上手です。韓国で厳しい練習を積んでから日本に来たため、歌やダンスが完成されているのです。また、礼儀正しい姿や努力する姿を見て、応援したいと思う人も多いようです。

このように、韓国のポップカルチャーが日本で受け入れられることによって、韓国という国に親しみや良いイメージを持つ人が増えるようになりました。その結果、韓国料理や韓国旅行の人気も高まっています。また、韓国でも日本のマンガやゲーム、ドラマ、音楽などは人気があるようです。これからさらに互いの国の文化交流が進んでいくでしょう。そして、文化交流をきっかけとして、韓国と日本の関係がより良くなっていくことが期待されます。

1 「韓流ブーム」のきっかけは何でしたか。
はんりゅう

→ ____

2 最初の「韓流ブーム」と、最近の「韓流ブーム」の違いは何ですか。
さいしょ

→ ____

3 日本で成功している韓国の歌手には、どんな人たちがいますか。
せいこう

→ ____

4 韓国の歌手が日本で成功する理由は何ですか。

→ ____

5 韓国のポップカルチャーが日本に与えた影響は何ですか。
あた　　　えいきょう

→ ____

단어 및 표현

- □ 共同開催 공동개최
  きょうどうかいさい
- □ 放映する 방영하다
  ほうえい
- □ 当時 당시
  とうじ
- □ 先駆け 선구, 시초
  さきが
- □ 番組 프로그램
  ばんぐみ
- □ 新人 신인
  しんじん
- □ 完成する 완성하다
  かんせい
- □ 応援する 응원하다
  おうえん
- □ イメージ 이미지
- □ 交流 교류
  こうりゅう

- □ きっかけ 계기
- □ いわゆる 이른바, 소위
- □ 広がる 퍼지다, 확산되다
  ひろ
- □ 進出する 진출하다
  しんしゅつ
- □ 出演する 출연하다
  しゅつえん
- □ 厳しい 혹독하다
  きび
- □ 礼儀正しい 예의바르다
  れいぎただ
- □ ポップカルチャー 대중문화
- □ さらに 한층 더
- □ 関係 관계
  かんけい

- □ 関心 관심
  かんしん
- □ 起こる 일어나다
  お
- □ 身近 가까움, 신변
  みぢか
- □ 話題 화제
  わだい
- □ 親しみ 친근감
  した
- □ 積む 쌓다
  つ
- □ 姿 모습
  すがた
- □ 受け入れる 받아들이다
  うい
- □ 互い 서로
  たが
- □ 期待する 기대하다
  きたい

1

～をきっかけに・～をきっかけとして ～을 계기로 · ～을 계기로 해서

행동이나 사건의 원인, 동기에 대해 말할 때 쓴다.

- 山口さんと知り合いになったの**をきっかけとして**、日本に関心を持つようになった。
- テレビの旅行番組**をきっかけとして**、旅行の計画を考えるようになった。
- 授業でロシアの歴史を習ったの**をきっかけに**、ロシア語を勉強することにした。

2

～ほど～はない・～くらい～はない ～만큼 ～은 없다

'～은 가장(최고로) ～하다'라고 강조해서 말할 때 쓴다. 주로 주관적인 의견을 나타낸다.

- タバコ**ほど**体に悪いもの**はない**。
- 兄**くらい**心の広い人**はいない**。
- 休みの日に好きなだけ寝られる**ほど**幸せなこと**はない**。

🦐 단어 및 표현

- □ 知り合いになる 서로 알게 되다
- □ 計画 계획
- □ 授業 수업
- □ 歴史 역사
- □ 休みの日 휴일
- □ 幸せ 행복함

③
〜にかけては

〜에 있어서는

'〜만큼은 능력이나 소질이 다른 사람보다 뛰어나다'라고 표현할 때 쓴다.

・日本語にかけては、彼より上手な人はこのクラスにいないだろう。

・仕事の速さにかけては、川野さんが一番だ。

・勘の良さにかけては、自分でも自信がある。

④
〜によって

〜로, 〜로써

'〜의 방법으로, 〜의 수단으로'라고 할 때 쓴다. 「〜」이 구체적인 사물일 경우에는 「によって」가 아니라 「で」를 쓰는 경우가 많다.

・留学生活によって、多くの経験をしました。

・会話試験によって学生たちの日本語能力をチェックする。

・テクノロジーの発達によって、生活が便利になった。

 단어 및 표현

- ☐ 勘 직감으로 깨닫는 능력, 육감
- ☐ 能力 능력
- ☐ 自信 자신
- ☐ テクノロジー 테크놀로지, 과학 기술
- ☐ 経験 경험
- ☐ 発達 발달

① 文型

1 ＿＿＿＿の中の言葉を入れて文を完成させなさい。

> きっかけとして　　　ほど　　　かけては　　　よって

❶ 日本と韓国は、2002年のワールドカップを（　　　　　　　　　）文化交流が
進_{すす}みました。

❷ 韓国の歌手_{かしゅ}は、歌やダンスに（　　　　　　　）新人_{しんじん}とは思えないほど上手
です。

❸ 音楽やドラマ、映画などの文化交流に（　　　　　　）両国_{りょうこく}のイメージが良く
なります。

❹ 日本で、今（　　　　　　）韓流がブームになったことはありません。

2 ＿＿＿＿の中の言葉と（　　　）の言葉を使って、文を完成させなさい。

> ～をきっかけとして　　～ほど～はない　　～にかけては　　～によって

❶ ボランティアに（参加_{さんか}したこと→　　　　　　　　　　）お年寄_{としよ}りにも
優_{やさ}しくするようになった。

❷ （母の手料理_{てりょうり}→　　　　　　　　　）美味_{おい}しいものはない。

❸ （バイクの事故_{じこ}→　　　　　　　　　）左手をけがした。

❹ （ワイン→　　　　　　　　　）パクさんよりくわしい人はいない。

② 言葉の使い方

1 ▓▓▓▓ の中の言葉を一つ選んで、適当な形にして＿＿＿＿に書きなさい。

❶ 明日のサッカーの試合は、テレビの前で ＿＿＿＿ つもりです。
　　　　　　しあい

❷ この大会では、韓国チームへの期待が ＿＿＿＿ います。
　　　　　　　　　　　　　きたい

❸ 韓国チームは、決勝に ＿＿＿＿ そうです。
　　　　　　けっしょう

❹ 昨日、韓国代表チームのメンバーが、テレビ番組に ＿＿＿＿。
　　　　　だいひょう　　　　　　　　　　　　　　ばんぐみ

> 起こる　　応援する　　出演する　　進出する　　高まる

2 次の言葉を使って短文を作りなさい。

❶ 서울의 겨울은 도쿄에 비해 추위가 심합니다.　(寒さ、厳しい)
　　　　　　　　　　　　　　　　　　　　　　さむ　きび

→ ＿＿＿＿＿＿＿＿＿＿＿＿＿＿＿＿＿＿＿＿＿＿＿＿＿

❷ 일본에 관심을 가진 계기는 애니메이션이었습니다.　(関心、きっかけ)
　　　　　　　　　　　　　　　　　　　　　　かんしん

→ ＿＿＿＿＿＿＿＿＿＿＿＿＿＿＿＿＿＿＿＿＿＿＿＿＿

❸ 한국의 대중 문화는 확실히 아시아에 퍼지고 있습니다.
(ポップカルチャー、確実に、広がる)
　　　　　　　　かくじつ　　ひろ

→ ＿＿＿＿＿＿＿＿＿＿＿＿＿＿＿＿＿＿＿＿＿＿＿＿＿

❹ 한국과 일본은 앞으로 한층 더 가까운 관계가 되겠지요.　(さらに、身近な、関係)
　　　　　　　　　　　　　　　　　　　　　　　　　　みぢか　　かんけい

→ ＿＿＿＿＿＿＿＿＿＿＿＿＿＿＿＿＿＿＿＿＿＿＿＿＿

다음은 본문과 관련된 회화입니다. 들으면서 빈칸을 채우세요.　Track-04

A：KARAの新曲、もう聞いた？

B：え、KARAってあの、韓国のアイドルグループ？

A：そうそう。

B：へぇ。最近人気があるみたいだけど、何が良いの？

A：韓国で（①　　　　）練習を（②　　　　）来たから、（③　　　　）とは
　　思えないぐらい歌もダンスもかっこいいんだよ。

B：日本語もしゃべれるの？

A：うん。テレビ番組に（④　　　　　）時も日本語でしゃべるから、日本の
　　歌手みたいに（⑤　　　　　）が感じられるんだ。日本語も（⑥　　　　）
　　勉強したんだろうなって思うよ。川田さんは、韓国の歌手には興味ない
　　の？

B：うーん、歌はあまり聞かないけど、映画は、友達に誘われたのが
　　（⑦　　　　　　）で、見るようになったよ。あと、最近は母の影響で
　　ドラマも少し見てる。

A：えー、韓国のドラマってオバサン達が見るものなんじゃない？

B：そんなことないよ。最近は色んなドラマがあるし、若い人達にも人気が
　　（⑧　　　　）いるんだよ。

A：そうなんだ。僕も見てみようかな。

B：これからもっと（⑨　　　　　　　）の文化を知って、韓国と日本の
　　（⑩　　　　　）が近くなるといいね。

A：そうだね。もっと韓国について知るために、夏休みに一緒に韓国旅行に
　　行かない？

B：いいね。そうしよう！

3 オタク 오타쿠

도쿄 아키하바라는 다양한 취미를 가진 사람들이 모이는 '오타쿠의 성지'로 유명합니다.
여러분은 '오타쿠'라는 단어를 들으면 어떤 이미지가 떠오르나요?
또 오타쿠의 영향력에는 어떤 것이 있을까요?

주요문형 　〜がち / 〜にしたがって / 〜ようがない / 〜せいで

Track-05

「オタク」という言葉から人々がまず連想するのは、マンガやアニメ、ゲームなどのポップカルチャーでしょう。このようなものに強い興味を持つ人のことをオタクと呼びますが、以前はアニメなどを愛する人たちに対する偏見が強く、悪いイメージを持たれがちでした。

しかし、今では日本のオタク文化は世界中に広まっています。特に日本のマンガやアニメがさまざまな国で高い人気を集めており、最近では、ファンがキャラクターの服装や髪型を真似する「コスプレ」のイベントが外国でも行われています。

オタク文化が広まるにしたがって、オタクに対する人々のイメージも少しずつ変わってきています。オタクは、自分が興味を持ったことを追求する人ともいえます。好きなものについて詳しく、知識が多いという点も長所でしょう。また、趣味のためにたくさんお金を使う人が多く、オタク市場の規模は数千億円にもなるといわれています。経済的に見ても、その影響力の大きさは否定しようがないのです。

一方で、オタクに対する偏見や悪いイメージもまだ強く残っています。自分の好きなものにしか興味を持たず、他の人とうまくコミュニケーションが取れない、部屋にひきこもってゲームばかりしている、何を考えているのかよく分からない、という印象を持つ人も多いでしょう。重大な事件を起こした犯人がゲームやマンガが好きだったという報道があり、そのせいでオタクのイメージが悪くなったこともあります。

さまざまな趣味を持つ人をオタクという言葉でまとめてしまうことはできません。しかし、自分の好きなものを見つけ、興味を持つことは誰にでもあることですし、長い人生の中で、自分が夢中になれる趣味を持つのは良いことでしょう。オタクは理解できない、という偏見を持たずに、その人自身の個性や魅力を認めようとする姿勢を持つことが大切です。

1 オタクと呼ばれるのはどのような人ですか。

→ ____

2 コスプレとは何ですか。

→ ____

3 オタクが経済的に大きな影響力を持つのはなぜですか。

→ ____

4 オタクのイメージが悪くなった原因の一つは何ですか。

→ ____

5 自分と違う趣味や興味を持つ人と接する時に大切なこととは、どのようなことですか。

→ ____

단어 및 표현

- □ 連想する 연상하다
- □ ～に対する ～에 대한
- □ ファン 팬
- □ 髪型 헤어 스타일
- □ 変わる 변하다, 바뀌다
- □ 長所 장점
- □ 経済的 경제적
- □ 一方で 한편으로
- □ 重大 중대함
- □ 犯人 범인
- □ 見つける 찾다, 발견하다
- □ 認める 인정하다

- □ 興味 흥미
- □ 偏見 편견
- □ キャラクター 캐릭터
- □ 真似する 흉내내다
- □ 追求する 추구하다
- □ 市場 시장
- □ 影響力 영향력
- □ ひきこもる 틀어박히다
- □ 事件 사건
- □ 報道 보도
- □ 個性 개성
- □ 姿勢 자세

- □ 以前 이전
- □ 広まる 퍼지다
- □ 服装 복장
- □ 行う 실시하다, 행하다
- □ 詳しい 자세하다, 잘 알다
- □ 規模 규모
- □ 否定する 부정하다
- □ 印象 인상
- □ 起こす 일으키다
- □ まとめる 한데 모으다, 정리하다
- □ 魅力 매력

❶ 〜がち

자주 〜하다, 〜하기 십상이다

'〜로 되기 쉬운 경향이 있다, 〜하기 십상이다, 그럴 가능성이 높다'라는 의미를 나타낸다.

・体が大きい人は力が強いと思われ**がち**だ。

・急に寒くなるこの季節は、風邪をひき**がち**だ。

・料理をする時、あわてると失敗し**がち**だから、落ちつきなさい。

❷ 〜にしたがって

〜함에 따라 (점차)

앞에 움직임을 나타내는 말이 오고, 그 움직임에 따른 변화를 이야기할 때 쓴다.

・森の中に入る**にしたがって**、視界が悪くなった。

・気温が上がる**にしたがって**、体調をくずす人が増えてきた。

・年をとる**にしたがって**、あまり甘いものを食べなくなった。

단어 및 표현

- 急に 갑자기
- あわてる 당황하다
- 森 숲
- 体調をくずす 몸의 상태가 나빠지다
- 季節 계절
- 失敗する 실패하다, 실수하다
- 視界 시야
- 年をとる 나이를 먹다
- 風邪をひく 감기에 걸리다
- 落ちつく 진정하다, 차분하게 하다
- 気温 기온

❸ 〜ようがない

〜할 수가 없다

'도저히 〜할 방법이 없다'는 의미를 나타낸다.

- ・誕生日を忘れていたなんて、言い訳のしようがない。
- ・私の知らないことについて聞かれても、答えようがない。
- ・電話をかけても彼女が出てくれないので、謝りようがない。

❹ 〜せいで

〜탓에

무언가 나쁜 일이 생겼을 때 그 원인을 나타내기 위해 쓴다.

- ・妹が寝坊したせいで、私まで学校に遅刻してしまった。
- ・となりの家の工事のせいで、うるさくて眠れなかった。
- ・彼女は、歌は得意だが、ダンスが下手なせいで、歌手になれなかった。

☐ 誕生日 생일	☐ 言い訳 변명	☐ 電話に出る (걸려 온) 전화를 받다
☐ 謝る 사과하다	☐ 寝坊する 늦잠자다	☐ 遅刻する 지각하다
☐ 工事 공사	☐ うるさい 시끄럽다	☐ 得意 잘 함, 능숙함

1 文型

1 ◻◻◻◻ の中の言葉を入れて文を完成させなさい。

> がち　　　したがって　　　よう　　　せい

❶ オタクと呼ばれる人たちは、悪く思われ（　　　　　）です。

❷ 世界中に広がったオタク文化の影響は否定し（　　　　　）がなく、少しずつ
イメージが変わってきました。

❸ 一部の事件の（　　　　　）で、偏見を持つのは良くないことです。

❹ 人々の見方が変わっていくに（　　　　　）、オタクの良い点も認められるよう
になるでしょう。

2 ◻◻◻◻ の中の言葉と（　　　）の言葉を使って、文を完成させなさい。

> ～がち　　　～にしたがって　　　～ようがない　　　～せいで

❶ アメリカに来たばかりの頃は、外国人ということで（差別する→　　　　　　）
でした。

❷ あのドレスの美しさは、言葉で（表現する→　　　　　　）ほどでした。

❸ 時代が（変化する→　　　　　　）、人々の生活も変わってきました。

❹ 演技の最後で（失敗する→　　　　　　）、彼は金メダルを取ることが
できなかった。

② 言葉の使い方

1　◻️◻️◻️の中の言葉を一つ選んで、適当な形にして＿＿＿＿に書きなさい。

❶ あまり人の悪口を言わないというのも、彼の＿＿＿＿の一つです。
　　　　わるくち

❷ 日本食という言葉を聞くと、スシやテンプラを＿＿＿＿人が多いでしょう。

❸ 最近引っ越してきた家族に＿＿＿＿うわさが、近所に＿＿＿＿います。
　　　ひ　こ　　　　　　　　　　　　　　　　きんじょ

❹ 初めて会った時の＿＿＿＿だけで人を判断してはいけません。
　　　　　　　　　　　　　　　　　　はんだん

対する　　　魅力　　　広まる　　　連想する　　　印象

2　次の言葉を使って短文を作りなさい。

❶ 컴퓨터를 잘 아는 사람을 찾고 있습니다만, 누군가 아는 사람은 없습니까?
　　(詳しい、探す、知り合い)
　　くわ　　さが　　し　あ

　　→ ＿＿＿＿＿＿＿＿＿＿＿＿＿＿＿＿＿＿＿＿＿＿＿＿＿＿＿＿＿

❷ 토요일까지 필요한 자료를 정리하고 과장님에게 메일로 보내 주십시오.
　　(資料、まとめる、課長)
　　し りょう　　　　か ちょう

　　→ ＿＿＿＿＿＿＿＿＿＿＿＿＿＿＿＿＿＿＿＿＿＿＿＿＿＿＿＿＿

❸ 연예인은 자신의 행동이 세상에 주는 영향을 생각하지 않으면 안 됩니다.
　　(芸能人、世間、影響)
　　げいのうじん　　せ けん　えいきょう

　　→ ＿＿＿＿＿＿＿＿＿＿＿＿＿＿＿＿＿＿＿＿＿＿＿＿＿＿＿＿＿

❹ 그는 자신의 목적을 추구하기 위해서 모든 것을 희생시킬 생각입니다.
　　(目的、追求する、犠牲)
　　もくてき　ついきゅう　　ぎ せい

　　→ ＿＿＿＿＿＿＿＿＿＿＿＿＿＿＿＿＿＿＿＿＿＿＿＿＿＿＿＿＿

Ａ：あの女の子、すごい服装してるな。髪も緑色だし。

Ｂ：本当だ。何かのコスプレでもしてるのか？

Ａ：そういえば、今年の夏に日本で開かれるコスプレのイベントは、かなり
（①　　　　　　）が大きいらしいよ。

Ｂ：コスプレって聞くと、どうしてもセーラー服を着たあの（②　　　　　　）
を（③　　　　　　）んだよな。

Ａ：あのアニメの人気はすごかったもんな。ストーリーが進む（④　　　　　）、
ファンがどんどん増えていった気がするよ。

Ｂ：お前、なんだかくわしいけど、もしかして（⑤　　　　　）なのか？

Ａ：違うよ。妹がアニメを見てたんだ。

Ｂ：ふーん。やっぱり妹もアニメを見て、（⑥　　　　　　）してたの？

Ａ：ああ。服装や髪型だけじゃなく、ポーズも覚えてたよ。こうやって、
手をこうして、こう動いて…。

Ｂ：…楽しそうだな。お前がオタクでも、俺は偏見を持ったりしないよ。
俺たち、友達じゃないか。

Ａ：妹を見ていて覚えただけだよ！ でも俺はアニメもゲームも好きだし、
オタクって言われると、（⑦　　　　　　　　）なぁ。

Ｂ：もう分かったよ。いい加減、自分がオタクだって（⑧　　　　　　）よ。

こぶとりじいさん

혹부리 영감

옛날 이야기는 어느 나라든 내용적인 면에서는 차이가 있지만 이야기의 결론은 으레 비슷하기 마련입니다. 여기서는 일본의 옛날이야기 한 편을 읽어보기로 합니다.

주요문형 ～てしかたがない / ～だろう / ～たところ / ～なんか

Track-07

　昔々ある所に、ほっぺたに大きいこぶのあるおじいさんが二人住んでいました。一人のおじいさんは、こぶのことは全然気にしていない、とても優しい人でした。もう一人のおじいさんは、こぶがとても気になってしかたがなく、いつも怒ってばかりいる意地悪な人でした。

　ある日、優しいおじいさんが、森で木を切っていると、急に雨が降り出しました。おじいさんは大きな木の下で雨宿りをしましたが、そのうちに眠ってしまいました。しばらくして雨が止むと、どこからかお祭りの音が聞こえてきました。目を覚ましたおじいさんは、音のする方へ行ってみました。すると、びっくり！　鬼たちが輪になって歌い、踊っていたのです。

　最初は怖かったおじいさんも、しばらくすると怖さを忘れて踊り出してしまいました。おじいさんの踊りがとても上手なので、今度はそれを見た鬼たちが驚きました。「おお、何と楽しい踊りだろう！」と、鬼のリーダーも立ち上がって、おじいさんと夜明けまで踊り続けました。朝になると、鬼のリーダーは「おい、じいさん。今夜も踊りに来いよ。それまで、このこぶを預かっておくからな。えい！」と言って、おじいさんのこぶを取ってしまいました。

　村に帰ったおじいさんは、意地悪なおじいさんに昨夜の話をしました。意地悪なおじいさんは、自分も鬼にこぶを取ってもらおうと思い、夜になると森に出かけて行きました。しばらくすると、お祭りの音が聞こえてきました。おじいさんは踊っている鬼たちを見て、怖くなりました。しかし、こぶを取ってもらうために思い切って踊ろうとしたところ、足が震えておかしい踊りになってしまいました。「何だ？　あの踊りは！」と、鬼たちは怒り始めました。そして、鬼のリーダーが「こんな下手な踊りなんか見たくない。こぶは返してやるから、もう二度と来るな！」と言って、おじいさんのほっぺたにもう一つのこぶをつけてしまいました。それから、意地悪なおじいさんはこぶを二つつけて苦労したそうです。

1 二人のおじいさんの同じところと、違うところは何ですか。

→ ____

2 優しいおじいさんは、鬼たちを見てどうしましたか。

→ ____

3 優しいおじいさんはどうしてこぶを取ってもらえましたか。

→ ____

4 意地悪なおじいさんは、優しいおじいさんの話を聞いて、どうしましたか。

→ ____

5 意地悪なおじいさんは、最後にどうなりましたか。

→ ____

단어 및 표현

☐ ほっぺた 볼, 뺨	☐ こぶ 혹	☐ 気にする 신경쓰다
☐ 気になる 신경쓰이다, 신경에 거슬리다	☐ ～てばかりいる ～하고만 있다	☐ 意地悪 심술궂음
☐ 降り出す 내리기 시작하다	☐ 雨宿りをする 비를 피하다	☐ 目を覚ます 잠에서 깨다
☐ 鬼 귀신, 도깨비	☐ 輪になる 원을 이루다	☐ しばらくすると 얼마 지나자
☐ 驚く 놀라다	☐ 立ち上がる 일어나다	☐ 夜明け 새벽
☐ 預かる 맡다, 보관하다	☐ 思い切る 결심하다, 각오하다 (思い切って 과감히)	
☐ 震える 떨리다	☐ 返す 돌려주다	☐ 苦労する 고생하다

1 ～てしかたがない

～해서 어쩔 수가 없다, 너무 ～하다

어떤 감정이나 몸의 상태, 욕구 등이 너무 강하여 억누르지 못할 때 쓴다. 보통 화자의 기분에 대해서 쓴다.

- 娘は、体育の授業がいや**でしかたがない**と言っている。
- 希望した大学に合格できて、うれしく**てしかたがない**。
- 冬休みに、沖縄に行きたく**てしかたがない**。

2 ～だろう

～인가

강하게 느낀 점이나 감동한 일에 대해 감정을 실어 말할 때 쓴다.

- （海で）うわあ、空は青いし、砂浜は白くて、なんてきれいな景色**だろう**。
- （レストランで）このハンバーグ、なんておいしいん**だろう**。
- お金があって、恋人もいて、仕事も楽しくて、なんて幸せな人生**だろう**。

 단어 및 표현

- ☐ 体育 체육
- ☐ 景色 경치
- ☐ 希望する 희망하다
- ☐ 恋人 연인, 애인
- ☐ 砂浜 모래로 된 해변
- ☐ 人生 인생

3 ～たところ

～했더니

'～을 하니 ～했다, ～을 하니 ～란 것을 알았다'라고 할 때 쓴다.

- 就職について両親に相談した**ところ**、父がアドバイスをくれた。
- 新しいカメラを買いに行った**ところ**、思ったより値段が高くて買えなかった。
- 急いで課長に電話した**ところ**、課長は別の電話で話し中だった。

4 ～なんか

～따위, ～같은 건

무언가에 대해 대단하지 않다고 생각하는 기분이나 부정하는 마음을 나타낸다.

- こんな問題**なんか**、子どもでもすぐに終わるよ。
- 健康に良いと言われても、にんじん**なんか**絶対に食べたくない。
- 別れようって、そんな言葉**なんか**聞きたくない。

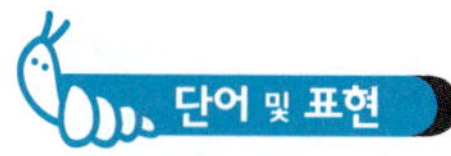

단어 및 표현

- ☐ 就職 취직
- ☐ アドバイス 충고
- ☐ 値段 가격
- ☐ 急いで 서둘러
- ☐ にんじん 당근
- ☐ 絶対に 절대로

① 文型

1　◾◾◾◾の中の言葉を入れて文を完成させなさい。

> しかたがない　　だろう　　ところ　　なんか

❶ お酒を飲みながら話すのは、なんて楽しいん（　　　　　）。

❷ あの人の顔（　　　　　）、もう見たくない！

❸ 昨日から、左足首が痛くて（　　　　　）。
　　　　あしくび

❹ デパートに買い物に行った（　　　　　）、ちょうどセールをしていた。

2　◾◾◾◾の中の言葉と（　　）の言葉を使って、文を完成させなさい。

> ～てしかたがない　　～だろう　　～たところ　　～なんか

❶ テレビで紹介されたレストランに（行く→　　　　　　　）すごく混んでいた。
　　　　しょうかい　　　　　　　　　　　　　　　　　　　こ

❷ 父に、（歴史→　　　　　　）勉強しても役に立たないと言われた。
　　　　れきし　　　　　　　　　　　　　やく　た

❸ 自分が好きな仕事をするのは、なんて（楽しい→　　　　　　　）。

❹ ダイエット中だが、お菓子が（食べたい→　　　　　　　）。
　　　　　　　　　　かし

❷ 言葉の使い方

1 　　　　の中の言葉を一つ選んで、適当な形にして________に書きなさい。

❶ 母は若いころお金がなくて________そうです。

❷ 少し不安ですが、________留学することにしました。

❸ 祭りの日は________まで、歌ったり踊ったりします。

❹ 彼女はかわいいですが、少し________性格です。

預かる　　苦労する　　意地悪な　　思い切る　　夜明け

2 次の言葉を使って短文を作りなさい。

❶ 도깨비가 일어나서 이쪽을 봤기 때문에 다리가 떨렸습니다.
（鬼、立ち上がる、震える）

→ ____

❷ 일본인들이 즐거운 듯이 이야기하고 있었기 때문에 과감히 원 안으로(둥그렇게 모여 있는 곳으로) 들어갔습니다.　（思い切って、輪）

→ ____

❸ 비가 내리고 있었으므로, 새벽까지 비를 피했습니다.　（夜明け、雨宿り）

→ ____

❹ 형에게서 한 달 간 아이를 맡았습니다만 고생했습니다.　（預かる、苦労する）

→ ____

다음은 본문과 관련된 회화입니다. 들으면서 빈칸을 채우세요.　Track-08

Ａ：こぶとりじいさんっていう日本の昔話、知ってる？

Ｂ：こぶとりじいさん？ 知らない。どんな話？

Ａ：（①　　　　　　）にこぶがある、優しいおじいさんと意地悪なおじいさんの
　　話。

Ｂ：へぇ、面白そう。教えて。

Ａ：昔、あるところに（②　　　　　　）にこぶのあるおじいさんが二人住んで
　　いたの。ある日、優しいおじいさんが、森で木を切っていると、雨が
　　降ってきたんだって。それで、おじいさんが木の下で（③　　　　　　）
　　をしていると、どこからか祭りの音楽が聞こえてきたの。

Ｂ：へぇ、それで？

Ａ：音楽のする方におじいさんが行って見てみると（④　　　）たちが、
　　（⑤　　　　　）になって踊っていたの。おじいさんは怖かったんだけど、
　　（⑥　　　　　　）一緒に踊ってみたんだって。（⑦　　　　　　）になると、
　　鬼のリーダーが（⑧　　　　　　）おじいさんのこぶを（⑨　　　　　　　）
　　から、また次の夜も来るようにと言って、こぶを取ってしまったの。

Ｂ：こぶが取れて良かったね、そのおじいさん。それで、意地悪なおじいさ
　　んはどうなった？

Ａ：その話を聞いた意地悪なおじいさんは、次の日にこぶを取ってもらおう
　　と思って山に行ったんだけど、（⑩　　　）を見たら怖くて足が（⑪　　　　　）
　　上手に踊れなかったの。それで、鬼が怒って、昨日のおじいさんのこぶ
　　も、意地悪なおじいさんのほっぺたにつけてしまったんだって。

Ｂ：うわ、かわいそう。じゃ、こぶが二つになっちゃったんだ。

⑤ オノマトペ

의성어 · 의태어

생쥐가 '찍찍' 웁니다. 아이가 슬퍼서 '훌쩍훌쩍' 웁니다. 여기서 '찍찍'이나 '훌쩍훌쩍'을 의성어, 의태어라고 합니다. 일본어에는 이러한 의성어와 의태어가 많습니다. 여러분은 얼마나 알고 있나요?

주요문형　～からこそ / ～うえ(に) / ～ほど / ～も～ば～も

みなさんの国では、イヌはなんと鳴きますか。日本人に聞いたら、たぶん「ワンワン」と答えるでしょう。ネコは「ニャーニャー」、ブタは「ブーブー」、ニワトリは「コケコッコー」。このような言葉を、オノマトペといいます。

言語によってさまざまなオノマトペがありますが、特に日本語にはたくさんあり、その数は1200以上だそうです。日本語にオノマトペが多い理由は、日本語は他の言語に比べて動詞や副詞の数が少ないためだといわれています。

例えば、英語では「toddle」「plod」「stroll」「hobble」のようにさまざまな動詞を使いますが、日本語では「歩く」という一つだけです。そのため、「ヨチヨチ歩く」「トボトボ歩く」のように、オノマトペを使ってその動きを表現するようになったのです。

雨が「降る」も、動詞は一つしかありませんが、「ザーザー降る」「ポツポツ降る」「パラパラ降る」のように言えば、雨の降る強さや様子をイメージすることができます。日本語には動詞が少ないからこそ、たくさんのオノマトペを作り出すことができたのです。

また、「シーンとした部屋」「プリプリ怒っている人」のように、音ではなく状態や感情を表すオノマトペもあります。日本のマンガを読んでみると、オノマトペがたくさん出て来るでしょう。それは、文字だけでインパクトが出るうえに、その音や状態を分かりやすく伝えることができるからです。

日本語を勉強するほど、たくさんのオノマトペに出会うでしょう。全部覚えなければならない、と思っているかもしれません。しかし、オノマトペはもっと自由で、面白いものです。コップが割れた時、「今、ガチャン！って、すごい音がしたね」と言う人もいれば、「ザッシャー！って聞こえたよ」と言う人もいるでしょう。自分が聞いた音をそのまま言葉で表現すれば、それがオノマトペです。自由に楽しみながら、オノマトペを学んでください。

1 日本語のオノマトペにはどんなものがありますか。

→ ____

2 日本語にオノマトペが多い理由は何ですか。

→ ____

3 「雨がザーザー降る」「雨がパラパラ降る」のように言うのは、なぜですか。

→ ____

4 日本のマンガにオノマトペがたくさん出てくるのは、なぜですか。

→ ____

5 オノマトペを作るためには、どうしたらいいですか。

→ ____

단어 및 표현

- 鳴く(새·벌레·짐승이) 울다
- 動詞 동사
- トボトボ 터벅터벅
- ザーザー 주르륵 주르륵, 좍좍
- 様子 모양
- 状態 상태
- インパクト 임팩트, 강한 인상
- 自由 자유

- 特に 특히
- 副詞 부사
- 動き 움직임
- ポツポツ 뚝뚝
- シーンとした 잠잠한, 조용한
- 感情 감정
- 伝える 전하다
- 割れる 깨지다

- ～に比べて ～에 비해
- ヨチヨチ 아장아장
- 表現する 표현하다
- パラパラ 후드득 후드득
- プリプリ 몹시 성난 모양, 뾰로퉁한 모양
- 表す 나타내다
- 出会う (우연히) 만나다
- 音がする 소리가 나다

1

～からこそ

～이니까, ～이기 때문에

이유를 강조할 때 쓴다.

- 友達がいた**からこそ**、私は成功することができた。
- あなたを愛している**からこそ**、浮気が許せない。
- 暑い**からこそ**、からいものが食べたくなる。

2

～うえ(に)

～한데다

앞에서 말한 내용과 비슷한 성격의 상태나 사건을 덧붙일 때 사용한다.

- 久しぶりに会った彼女は、髪を切った**うえに**太っていて、誰だか分からなかった。
- 私の兄は優しくて頭が良い**うえに**背も高く、女の人から人気がある。
- あの映画はつまらない**うえに**時間が長く、途中で寝てしまった。

 단어 및 표현

- ☐ 浮気 바람기
- ☐ 髪 머리카락
- ☐ 許す 용서하다
- ☐ 太る 살찌다
- ☐ からい 맵다
- ☐ 途中で 도중에

③ ～ほど

～할수록

한쪽의 정도가 바뀌면 또 다른 한쪽도 변한다고 말할 때 쓴다.

- 若い頃は健康だった人でも、年をとる**ほど**病気になりやすくなる。
- 英語は難しいと思っていたけれど、勉強する**ほど**面白く感じる。
- 日本は北の方へ行くほど寒くなり、南の方へ行く**ほど**暖かくなる。

④ ～も～ば～も

～도 ～하고(하거니와) ～도

비슷한 사항을 나열해서 강조할 때나 대립하는 사항을 나열하여 양쪽 사항이 모두 해당된다고 할 때 쓴다.

- お金**も**な**ければ**時間**も**ない。
- 今日は一日中、勉強**も**しな**ければ**運動**も**しなかった。
- ネコが好きな人**も**いれ**ば**嫌いな人**も**いる。

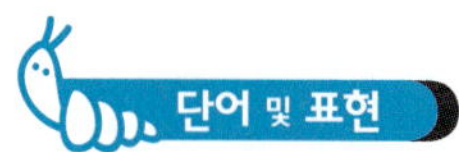

단어 및 표현

- □ 北 북(쪽)
- □ 運動 운동
- □ 南 남(쪽)
- □ 嫌い 싫어함
- □ 暖かい 따뜻하다

① 文型

1 ______ の中の言葉を入れて文を完成させなさい。

> こそ　　うえ　　ほど　　も

❶ オノマトペは面白い（　　　　　　）、とても自由なものです。

❷ オノマトペが多い言語（　　　　　　）あれば、あまりない言語もあります。

げん ご

❸ 動詞が少ないから（　　　　　）、オノマトペが多い。

どう し

❹ オノマトペは勉強する（　　　　　　）楽しくなる。

2 ______ の中の言葉と（　　　）の言葉を使って、文を完成させなさい。

> ～からこそ　　　～うえ　　　～ほど　　　～ば

❶ 長く（休む→　　　　　　　　）、日本語を忘れてしまう。

やす　　　　　　　　　　　　　　　　わす

❷ 彼は（遅刻する→　　　　　　　）、宿題を忘れてきた。

ち こく　　　　　　　　　しゅくだい

❸ 子供のことを（思う→　　　　　　　）、しかるのです。

❹ 私には金も（ない→　　　　　　　　）才能もないが、あなたを愛する気持ちは

さいのう

本物だ。

ほんもの

1　　　　　　の中の言葉を一つ選んで、適当な形にして＿＿＿＿＿に書きなさい。

❶　好きな映画はたくさんありますが、＿＿＿＿＿この映画が好きです。

❷　欠席する場合は、彼女にメールで＿＿＿＿＿いいです。

❸　このグラフは、気温の変化を＿＿＿＿＿います。

❹　二つを並べて＿＿＿＿＿みると、左の方が大きいことが分かる。

比べる　　　特に　　　他の　　　表す　　　伝える

2　次の言葉を使って短文を作りなさい。

❶　그가 만드는 음악은 기쁨이나 슬픔 등의 인간의 감정을 표현하고 있습니다.
（喜び、感情、表現する）

→ ＿＿＿＿＿＿＿＿＿＿＿＿＿＿＿＿＿＿＿＿＿＿＿＿＿＿＿＿＿

❷　매미가 울고 있는 소리를 들으면 여름이 왔다고 생각합니다.　（セミ、鳴く）

→ ＿＿＿＿＿＿＿＿＿＿＿＿＿＿＿＿＿＿＿＿＿＿＿＿＿＿＿＿＿

❸　지난달 일을 그만두고나서 쭉 일하지 않는 상태입니다.　（辞める、働く、状態）

→ ＿＿＿＿＿＿＿＿＿＿＿＿＿＿＿＿＿＿＿＿＿＿＿＿＿＿＿＿＿

❹　깨진 유리를 밟지 않도록 주의해 주십시오.　（割れる、踏む、気をつける）

→ ＿＿＿＿＿＿＿＿＿＿＿＿＿＿＿＿＿＿＿＿＿＿＿＿＿＿＿＿＿

다음은 본문과 관련된 회화입니다. 들으면서 빈칸을 채우세요.　Track-10

A：あ、あそこでニワトリが（①　　　　　　　　　　）。

B：フランスではニワトリの鳴き声を「ココリコ」って言うんだって。日本で
　　は「コケコッコー」なのにね。

A：へぇ、面白い。（②　　　　　　　）国では何て言うんだろう？

B：英語では、「クックドゥードゥルドゥー」って言うよね。日本語と
　　（③　　　　　　　　　）と、長くて難しいけど。

A：でも、ニワトリの鳴き声をうまく（④　　　　　　　　　）いる気がする！
　　ニワトリ以外の動物も、違うのかな？

B：日本語ではイヌは「ワンワン」だけど…。英語では「バウワウ」、韓国語
　　では「モンモン」って言うんだって。

A：やっぱり国が（⑤　　　　　　　　）、鳴き声も違うんだ。

B：でも中国は日本と同じ、「ワンワン」らしいよ。面白いよね。同じように
　　聞こえてるのかな。

A：へぇ。（⑥　　　　　　　　　　）、外国語って面白い！　僕も何か勉強しよう
　　かな。

B：うん。面白い（⑦　　　　　　　　）、勉強したくなるんだよね。いつか私も、
　　英語で自分の気持ちを（⑧　　　　　　　　　　　）ようになりたいな。

A：「バウワウ」と「クックドゥードゥルドゥー」は覚えただろう。

B：あのねぇ、私は動物じゃないのよ。

6 大学生活

대학 생활

대학에서의 생활은 공부가 전부는 아닙니다. 아르바이트나 동아리 활동 등 다양한 경험을 하는 편이 좋은데요. 대학 생활의 장점과 단점에는 어떤 것이 있을까요?

주요문형　～とすると / ～てからは / ～にかかわりなく / ～に違いない

Track-11

大学に入学すると、家族と離れて一人暮らしをする人も多いでしょう。自宅から学校まで遠くて通えないからという人もいるでしょうし、自立のためという人もいるかもしれません。一人暮らしを始めるとすると、家賃・光熱費・食費など、様々な費用がかかります。よって、両親から仕送りをもらう場合でも、アルバイトをしなければ生活が大変だという声をよく聞きます。さらに、一人暮らしを始めてからは、それまで両親にやってもらっていたことを全て自分一人でしなければなりません。例えば、掃除や洗濯や料理、ゴミ出しや光熱費の支払いなど、やらなければならないことは山ほどあります。一人暮らしをしてみて、初めて家族の有難さに気づく人も多いでしょう。しかし、一人暮らしには良い点もあります。経済観念や自立心が身につきますし、自由で気楽な生活もできます。自己管理がしっかりできれば、一人暮らしはとても快適で良い経験になるのです。

一人暮らしかどうかにかかわりなく、大学時代は自由な時間が多いので、好きなことに挑戦する良い機会です。アルバイトやサークル活動、旅行や留学など、やりたいことに時間を使えます。それらの活動をしながら、自分の好きなことは何か、自分が将来したいことは何なのか考えることができます。好奇心と行動力を持って生活すれば、大学時代は人生の中でとても貴重な4年間になるに違いありません。

大学3年生や4年生になると、卒業後の進路を考えなければなりません。理想と現実との間で悩んだり、自分が本当にしたいことが何なのか分からなくて苦しむ人もいるでしょう。就職活動で一番大切なことは、自分自身を見つめ直し、自分をよく知ることです。そのために、大学4年間でさまざまな経験をしながらゆっくり考えてみるのがいいでしょう。

1　一人暮らしを始める理由は何ですか。
　　　→ ____

2　一人暮らしで大変なことは何ですか。
　　　→ ____

3　一人暮らしの長所は何ですか。
　　　→ ____

4　大学時代、どんなことに時間を使うのが良いと言っていますか。
　　　→ ____

5　就職活動で一番大切なことは何ですか。
　　　→ ____

단어 및 표현

☐ 一人暮らし 혼자 사는 것	☐ 自宅 자택	☐ 自立 자립
☐ 家賃 집세	☐ 光熱費 광열비	☐ 食費 식비
☐ 様々な 다양한, 여러가지	☐ 費用がかかる 비용이 들다	☐ 仕送り 집에서 보내주는 생활비나 학비
☐ 全て 모두	☐ ゴミ出し 쓰레기 버리기	☐ 支払い 지불
☐ 山ほど 산더미만큼, 매우 많이	☐ 有難さ 고마움	☐ 気づく 깨닫다
☐ 経済観念 경제관념	☐ 身につく 몸에 배다	☐ 気楽 편안함
☐ 自己管理 자기관리	☐ しっかり 제대로, 착실히	☐ 快適 쾌적함
☐ 経験 경험	☐ 挑戦する 도전하다	☐ 機会 기회
☐ 将来 장래	☐ 好奇心 호기심	☐ 行動力 행동력
☐ 貴重 귀중함	☐ 卒業 졸업	☐ 進路 진로
☐ 理想 이상	☐ 現実 현실	☐ 悩む 고민하다
☐ 苦しむ 괴로워하다	☐ 就職活動 취직활동	☐ 見つめ直す 다시 직시하다

❶

〜とすると

〜라고 하면

'〜라고 가정한다면 어떻게 될까'라고 말하고 싶을 때 쓴다.

- 明日までにこの仕事を終わらせなければならない**とすると**、今日はまだ帰れない。
- ７時の飛行機に乗れない**とすると**、会議には間に合わないでしょう。
- このデータが間違っている**とすると**、誰に聞けばいいだろう。

❷

〜てからは

〜하고 나서는

어떤 행동을 한 후 그 다음 상황에 대해 이야기하고자 할 때 쓴다.

- 日本語の勉強を始め**てからは**、英語の勉強をしなくなりました。
- 運動をするようになっ**てからは**、体の調子が良い。
- 社会人になっ**てからは**、お酒を飲む機会が多くなりました。

 단어 및 표현

- ☐ **飛行機** 비행기
- ☐ **間に合う** 시간에 대다
- ☐ **間違う** 틀리다, 잘못되다
- ☐ **体の調子** 몸 상태, 컨디션

～にかかわりなく

～에 관계없이

'～이 어떻든, ～에 관계없이 ～이다'라고 할 때 쓴다.

- この会社では、年齢や国籍にかかわりなく、能力がある人を採用する。
- その店は、曜日にかかわりなく、毎晩11時まで開いている。
- このサークルは、経験があるかどうかにかかわりなく、誰でも参加できます。

～に違いない

～임에 틀림없다

강한 확신이 들어 '분명 ～라고 생각한다'라고 말할 때 쓴다.

- 地下鉄が止まっているみたいだ。事故があったに違いない。
- あんな時間に出発したのだから、間に合わなかったに違いありません。
- ケーキが置いてある。昨日、私が食べたいと言ったから、母が買っておいてくれたに違いない。

단어 및 표현

- ☐ 国籍 국적
- ☐ 参加 참가
- ☐ 能力 능력
- ☐ 地下鉄 지하철
- ☐ 採用する 채용하다

1 文型

1 ＿＿＿ の中の言葉を入れて文を完成させなさい。

> すると　　からは　　かかわりなく　　違いない

❶ 一人で生活を始めると（　　　　　　　　）まずは、家を探さなければ
いけません。

❷ 大学に入学して（　　　　　　　　）、自分で料理をするようになりました。

❸ 大学時代は、人生の中で一番楽しい時間になるに（　　　　　　　　）。

❹ 一人暮らしをするかどうかに（　　　　　　　　）自分のことは自分でした方が
いい。

2 ＿＿＿ の中の言葉と（　　）の言葉を使って、文を完成させなさい。

> ～とすると　　～てからは　　～にかかわりなく　　～に違いない

❶ （年齢や性別→　　　　　　　　）外国人の友達がほしいです。

❷ 姉は目が真っ赤だ。相当（泣く→　　　　　　　　）。

❸ イギリスに（引っ越す→　　　　　　　　）彼と連絡を取っていません。

❹ 1か月に5万円（貯金できる→　　　　　　　　）1年間で60万円貯まる
ことになる。

❷ 言葉の使い方

1 　　　　　の中の言葉を一つ選んで、適当な形にして________に書きなさい。

❶ 一人暮らしは、お金を考えながら生活するので、________が身につく。

❷ 大学生の間に、色々なことに________たい。

❸ 一人で生活すると、少しさみしいが________。

❹ 彼女は、________が強くて趣味も多い。

挑戦する　　身につく　　自由な　　好奇心　　経済観念

2 次の言葉を使って短文を作りなさい。

❶ 졸업 후 진로를 진지하게 생각하지 않으면 안 된다. (卒業後、進路、真剣に)

→ ____

❷ 대학생 때 혼자서 생활을 하면 빨리 자립할 수 있다. (一人暮らし、自立)

→ ____

❸ 혼자 사는 것은 쾌적하지만 자기 관리를 하지 않으면 안 된다. (快適だ、自己管理)

→ ____

❹ 취직 활동을 하면 이상적인 일과 현실의 자기 자신에게 괴로워한다.
(就職活動、理想、現実、苦しむ)

→ ____

다음은 본문과 관련된 회화입니다. 들으면서 빈칸을 채우세요.　Track-12

Ａ：ああ、一人で生活するのって、思ったより大変…。

Ｂ：あれ？　先月までは（①　　　　　　　）で（②　　　　　　　）生活が楽しいって
言っていなかったっけ？

Ａ：うん…最初はそうだったんだけど、授業の後もアルバイトで忙しいし、
しなくちゃいけないことも多いし…。

Ｂ：しなくちゃいけないことって？

Ａ：宿題もあるけど、他にも料理とか洗濯とか（③　　　　　　）とか、家事が
（④　　　　　　）あるんだよ。

Ｂ：そっか、全部一人でするのって大変だよね。じゃ、アルバイトを減らせ
ば？

Ａ：そんなの無理だよ。親からの（⑤　　　　　　）だけじゃ遊びにも行けない。

Ｂ：節約して、無駄遣いしなければいいじゃない。

Ａ：あや子は（⑥　　　　　　）から通って（⑦　　　　　　）もしていないくせ
に、そんなこと簡単に言うなよ。一人でお金を管理するのって大変なん
だぞ。家賃の他にも（⑧　　　　　　）とか（⑨　　　　　　）とか色々
お金がかかるのに。

Ａ：それは分かるけど…でも大学生の一番の仕事は勉強することでしょう？
（⑩　　　　　　）のためにも、アルバイトは疲れない程度にした方がいいと
思うけど。

 恋愛・結婚

<ruby>恋<rt>れん</rt>愛<rt>あい</rt></ruby>・<ruby>結<rt>けっ</rt>婚<rt>こん</rt></ruby>

연애 · 결혼

최근 몇 년간 콘카쓰(婚活, 적극적으로 결혼 상대를 찾는 활동)가 붐인데요. 그와 함께 초식남과 육식녀 등의 용어를 통해 다양한 연애관과 결혼관에 대해 생각해 봅시다.

〜に対して / 〜わけではない / 〜としても /
〜ようがない・〜ようもない

恋愛観や結婚観は人によって様々です。最近では、恋愛や結婚をしたくないという人も増えていますが、反対に、積極的に「婚活」をして結婚しようと考える人もいます。みなさんはどのような恋愛や結婚がしたいですか。

「草食系男子」「肉食系女子」という言葉を聞いたことがありますか。「草食系」「肉食系」という言葉から、どんな性格をイメージするでしょうか。「草食系男子」とは、女性に縁がないわけではないのに、恋愛に対して積極的ではない男性のことを言います。つまり、気になる人や好きな人がいても、傷つくことが怖いので、自分からデートに誘ったり告白したりしない男性のことです。

しかし、草食系男子にも結婚願望がないわけではないようです。国立社会保障・人口問題研究所の調査では、草食世代と言われている18歳〜34歳の独身男性のうち、約87％が「いずれ結婚するつもり」だと答えたそうです。ただ草食系男子が婚活を始めたとしても、もともと積極的にリードしていくタイプではないので、恋愛がうまくいかなかったり、結婚までに長い時間がかかるかもしれません。

また、「結婚はしたいけど、今すぐでなくてもいい」とか、「ずっと一人だと寂しいけど、すぐに恋愛や結婚をするのは面倒くさい」と考えている人もいるようです。就職して何年かすると、両親や親戚たちは結婚の心配を始めますが、本人がすぐに結婚したいと思わない場合は、どうしようもありません。

結婚になかなか積極的になれない人や、結婚したいのに良い出会いがない人は、「婚活」を始めてみるといいかもしれません。最近では、結婚相談所や、お見合いサイト、結婚パーティーの会社など、結婚したい人たちをサポートする会社がたくさんできています。費用が何十万円もかかりますが、それくらいのお金をかけても、幸せな結婚をしたいと思う人が多いのでしょう。

1 「草食系男子」とはどんな人たちですか。
そうしょくけい

→ ____

2 「草食系男子」の結婚観はどうですか。
けっこんかん

→ ____

3 「草食系男子」の恋愛や婚活が難しい理由は何ですか。
れんあい　　こんかつ

→ ____

4 婚活は、どういう人にいいですか。

→ ____

5 婚活会社にはどんなものがありますか。

→ ____

단어 및 표현

- 草食系 초식동물과 같이 온순하며 묵묵한 사람(주로 남성)을 뜻하는 신조어
そうしょくけい
- 肉食系 육식동물과 같이 활발하고 특히 연애에 적극적인 사람들(주로 여성)을 뜻하는 신조어
にくしょくけい
- 恋愛観 연애관　　　　　結婚観 결혼관　　　　　積極的 적극적
れんあいかん　　　　　　けっこんかん　　　　　せっきょくてき
- 婚活 콘카쓰, 結婚活動(결혼활동)의 줄임말로 적극적으로 결혼 상대를 찾는 활동을 말하는 신조어
こんかつ
- 縁 인연　　　　　気になる 마음이 가다　　　　　傷つく 상처받다
えん　　　　　　　き　　　　　　　　　　　　　きず
- 怖い 무섭다　　　　　誘う 권하다　　　　　告白する 고백하다
こわ　　　　　　　　さそ　　　　　　　　　こくはく
- 願望 소원, 욕구　　　　調査 조사　　　　　世代 세대
がんぼう　　　　　　　　ちょうさ　　　　　　　せだい
- 独身 독신　　　　　いずれ 머지않아　　　　　リードする 리드하다
どくしん
- 寂しい 외롭다　　　　面倒くさい 귀찮다　　　　就職する 취직하다
さび　　　　　　　　　めんどう　　　　　　　　しゅうしょく
- 親戚 친척　　　　　なかなか〜ない 좀처럼 〜않다　　　出会い 만남
しんせき　　　　　　　　　　　　　　　　　　　　　であ
- 結婚相談所 결혼상담소　　お見合いサイト 맞선 사이트　　サポートする 서포트(지원)하다
けっこんそうだんしょ　　　　み　あ
- 費用 비용
ひよう

1

～に対^{たい}して

～에게, ~에 대하여

'~에게, ~을 상대로 하여'라고 할 때 쓴다.

・父は母に対して本当に優しい。

・「レストランやカフェは全て禁煙にした方が良い」という意見に対してどう思いますか。

・日本への留学に対して、まだ決心ができていない。

2

～わけではない

～인 것은 아니다

'전부가 ～이지는 않다, 반드시 ～라고는 하지 못한다' 같은 문장처럼 「～」을 부분적으로 부정할 때 쓴다.

・学生時代、毎晩遅くまで遊んでいたわけではありません。

・その仕事がしたくないというわけではない。

・結婚したくないわけではないが、今はまだ一人でいたい。

☐ 禁煙 금연　　　☐ 意見 의견　　　☐ 決心 결심

❸

～としても

～라고 해도

'설령 ～라고 가정해도'라고 나타낼 때 쓴다.

- この書類が明日の会議に間に合わない**としても**、たぶん問題ないだろう。
- 車を買う**としても**、お金がないので今年は無理だ。
- 一人で海外旅行に行きたいと言った**としても**、母は反対すると思う。

❹

～ようがない・～ようもない

～할 수가 없다, ～하지도 못한다

'～하고 싶지만 방법이 없어서 하지 못한다'라고 말할 때 쓴다.

- 内田先生にお会いしたいが、電話番号が変わって、連絡のし**ようがない**。
- 田舎の祖父母に会いに行きたいが、遠いので長い休みがないと行き**ようもない**。
- 子供たちの予定が分からないと、旅行の予定を立て**ようがない**。

- □ 書類 서류
- □ 反対する 반대하다
- □ 連絡 연락
- □ 田舎 시골
- □ 祖父母 조부모

❶ 文型

1 ◻◻◻◻◻ の中の言葉を入れて文を完成させなさい。

> に対して　　わけではない　　としても　　ようがない

❶ 婚活を始めた（　　　　　　）結婚までに長い時間がかかるでしょう。

❷ 恋愛（　　　　　　）積極的でない人が増えているそうです。

❸ 結婚したくないという（　　　　　　）が、あと5年くらいは遊びたい。

❹ 親が心配しても、本人が結婚しようとしなければ、それは解決し（　　　　　　）問題です。

2 ◻◻◻◻◻ の中の言葉と（　　）の言葉を使って、文を完成させなさい。

> ～に対して　　～わけではない　　～としても　　～ようがない

❶ 母が（悲しむ→　　　　　　　　　　）一人暮らしをしてみたい。

❷ 明日のパーティーは（参加しなければならない→　　　　　　　　　　　）。

❸ 韓国の若者は（お年寄り→　　　　　　　）とても親切だ。

❹ 今日、お客様が何人来るか分からないので、人数が分かるまで食事を（作る→　　　　　　　　）。

❷ 言葉の使い方

1 ________ の中の言葉を一つ選んで、適当な形にして ________ に書きなさい。

❶ 最近では、________ を利用して結婚する人もいる。
　　　　　　　　　　りよう

❷ ________ がなくて、結婚できない人も多い。

❸ ________ 人がいても、自分から誘わない男性が多いそうだ。
　　　　　　　　　　　　　　さそ

❹ 結婚 ________ はあっても、今すぐに結婚するのは面倒くさい。
　　　　　　　　　　　　　　　　　　　　めんどう

誘う　　結婚相談所　　気になる　　願望　　出会い

2 次の言葉を使って短文を作りなさい。

❶ 맞선 사이트의 비용은 아주 비쌉니다. （お見合いサイト、費用）
　　　　　　　　　　　　　　　　　　　　　み あ　　　　　　ひ よう

→ ____

❷ 상처받는 것이 두려워서 적극적으로 연애하지 않는다는 사람도 있습니다.
（傷つく、怖い、積極的）
　きず　　こわ　せっきょくてき

→ ____

❸ 남성만이 데이트를 리드하거나 고백하거나 하는 편이 좋다는 것은 낡은 생각입니다.
（リードする、告白する）
　　　　　　　　こくはく

→ ____

❹ 어느 조사 결과에서는 지금 독신인 사람도 결혼하고 싶다는 소망을 가지고 있는 사람이
많은 듯합니다. （調査、独身、願望）
　　　　　　　　　ちょう さ　どくしん　がんぼう

→ ____

다음은 본문과 관련된 회화입니다. 들으면서 빈칸을 채우세요.　Track-14

A：はあ、そろそろ幸せな結婚がしたいな。

B：本当に結婚したいなら、待ってるだけじゃダメよ。まず、彼氏いるの？

A：いや、今はいないけど…。

B：じゃ、結婚の前に彼氏を作ることが先でしょ？　結婚（①　　　　　　）
　　だけあっても、一人じゃ結婚できないんだから。（②　　　　　　）でも
　　始めてみたら？

A：あ、それ、この間実家に帰った時、母にも言われた。でも、（③　　　　　　）
　　とか（④　　　　　　　　）に来る男性って、（⑤　　　　　　）が多そう
　　じゃない？　そういう人、あんまり魅力的じゃないな。

B：何言ってんの！　自分だって一人じゃ彼氏も見つけられないんだから、
　　同じでしょ。

A：女性と男性は違うわよ。女性が自分から（⑥　　　　　）を求めて
　　（⑦　　　　　　　）に行動するのって、恥ずかしいじゃない。

B：そうかなあ。今の時代、女性とか男性とか関係ないと思うけど。
　　（⑧　　　　　　）人がいるなら、自分からデートに（⑨　　　　　　）いいし、
　　気持ちを伝えてみればいいじゃない。

A：えー、やっぱりそういうのは男性がするものでしょ。（⑩　　　　　　）も
　　できない男性だと、これからの人生が心配になっちゃう…。

B：あら、そう。前田さんは強い男性に守ってもらいたいのね。意外と古い
　　考え方でびっくりした。早くそんな素敵な人に出会えるといいわね。

けい たい でん わ い ぞん しょう

8 携帯電話依存症

휴대전화 의존증

'1인 1휴대전화'가 당연한 시대가 되어, 이제는 휴대전화가 '없으면 불편한' 시대까지 되었습니다. 실용적이고 간편한 휴대전화. 하지만 이런 휴대전화에 지나치게 의존하고 있지는 않은가요?

주요문형 ～うちに / ～ば～ほど / ～はもちろん / ～からには

　かつてに比べると今の携帯電話は形が小さく、値段も安くなり、今では一人一台持つことがほとんど当たり前になっています。そうして携帯電話が普及するうちに、「携帯電話依存症」という言葉が生まれました。携帯電話依存症とは、その名の通り、携帯電話に依存し、それなしでは生活できなくなってしまった状態を表す言葉です。

　現代の携帯電話は、電話やメールだけでなく、インターネット端末やワンセグTV、音楽プレイヤーとしての機能なども備えているものが多くなりました。そうして便利になればなるほど、生活の中で携帯電話を使う機会が多くなり、「なくては困る」ものになっていったのです。精神的な依存はもちろん、経済的にも問題になる場合があります。携帯電話を使いすぎて高い使用料を払う人などがその例です。また、携帯電話を使いながら車を運転することで交通事故を起こしたりして、大きな問題になる場合も少なくありません。

　携帯電話への依存は大人だけでなく、中高生にも多いそうです。携帯メールを指で打つことから、若者の間では「指恋」という言葉も生まれました。これは、好きな人とメールのやり取りをすることや、メールのやり取りから生まれた恋愛関係を表したものです。現代では、恋愛においても携帯電話の存在は欠かせないものになっているのでしょう。

　しかし、本来電話というものは離れた相手と連絡を取る時に使うものです。最近では同じ家の中にいる家族同士でも携帯メールで連絡をするという家庭もあるそうですが、これは少しおかしな光景です。近くにいるからには、やはり直接会話をするのが自然でしょう。携帯電話は確かに便利なものですが、それに頼りすぎて、顔を合わせる機会やコミュニケーションが減ることは、寂しいことではないでしょうか。私たちは携帯電話に生活を支配されるのではなく、生活の中で携帯電話をうまく利用する立場であるべきです。

1 「携帯依存症」とは何ですか。
けいたい い ぞんしょう

→ ____

2 携帯電話が「なくては困る」ものになったのは、なぜですか。

→ ____

3 「携帯依存症」によって、どのような問題が起こりますか。

→ ____

4 「指恋」とは何ですか。
ゆびこい

→ ____

5 携帯電話に頼りすぎると、どうなりますか。
たよ

→ ____

단어 및 표현

☐ かつて 예전, 과거	☐ 携帯電話 휴대전화 けいたいでんわ	☐ 値段 가격 ねだん
☐ ほとんど 거의	☐ 当たり前 당연함 あ まえ	☐ 普及 보급 ふ きゅう
☐ 依存症 의존증 い ぞんしょう	☐ ～とは ～란	☐ ～なしでは ～없이는
☐ インターネット端末 인터넷 단말기 たんまつ	☐ ワンセグ 지상 디지털 방송으로 행해지는 휴대 전화 등의 이동 전용 방송. DMB	
☐ 機能 기능 き のう	☐ 備える 갖추다 そな	☐ 便利 편리 べん り
☐ 困る 곤란하다 こま	☐ 精神的 정신적 せいしんてき	☐ 払う 지불하다 はら
☐ 交通事故 교통사고 こうつう じ こ	☐ 携帯メール 휴대 전화의 문자 메시지 けいたい	☐ やり取り 주고 받음, 거래 と
☐ 恋愛関係 연애관계 れんあいかんけい	☐ ～においても ～에서도	☐ 欠かせない 필요하다, 필수이다 か
☐ 本来 본래 ほんらい	☐ 離れる 떨어지다 はな	☐ おかしな 이상한
☐ 光景 광경 こうけい	☐ やはり 역시	☐ 直接 직접 ちょくせつ
☐ 頼る 의지하다 たよ	☐ 顔を合わせる 얼굴을 마주하다 かお あ	☐ 機会 기회 き かい
☐ コミュニケーション 커뮤니케이션	☐ 支配する 지배하다 し はい	☐ 立場 입장 たち ば

❶ ～うちに

~하는 동안(사이)에, ~하는 가운데

일정 시간 동안 계속되는 것을 뜻하는 말과 함께 쓰이며, '그 동안에', '그 시간 이내에'라는 의미를 나타낸다. 「～ないうちに」는 '~하기 전에'로 해석한다.

・夏休みの**うちに**ダイエットをしようと決めた。

・仕事が忙しくならない**うちに**、家族と旅行に行くつもりだ。

・はじめは気難しい人だと思っていたが、話している**うちに**、楽しい人だと

思うようになった。

❷ ～ば～ほど

~하면 ~할수록

같은 말을 반복함으로써 한쪽이 변하면 다른 한쪽도 그에 맞추어 변하는 모양새를 나타낸다.

・日本語は、たくさん話せ**ば**話す**ほど**上手になる。

・どの商品でも同じような効果があるなら、**安ければ**安い**ほど**いい。

・課題が難しすぎて、考えれ**ば**考える**ほど**分からなくなってしまった。

단어 및 표현

- ☐ ダイエット 다이어트
- ☐ 気難しい 성미가 까다롭다, 깐깐하다
- ☐ 商品 상품
- ☐ 効果 효과
- ☐ 課題 과제

③ 〜はもちろん

〜는 물론

대표적인 예를 하나 들고 그 뒤에 다른 예를 거론할 때 쓰는 표현이다.

- このアニメは、子ども**はもちろん**、大人まで楽しめる作品だ。
- 野球部のキムさんは運動神経抜群で、野球**はもちろん**、サッカーや水泳も得意だという。
- 日本の大学に進学するためには、日本語**はもちろん**、英語や数学なども勉強しなければならない。

④ 〜からには

〜한 이상은, 어차피 〜한다면

'〜한 상황이니 당연히'라는 의미이다. 문장 뒤에는 말하는 사람의 결의나 판단 등을 나타내는 「〜べきだ」「〜つもりだ」「〜はずだ」「〜にちがいない」 등의 표현이 따른다.

- オリンピックに出る**からには**、絶対にメダルを取りたい。
- 韓国に引っ越す**からには**、少しは韓国語を勉強しておくべきだろう。
- 忙しい中、手伝ってもらった**からには**、お礼をしなくてはいけません。

- ☐ 運動神経 운동 신경
- ☐ 抜群 발군, 뛰어남
- ☐ 水泳 수영
- ☐ お礼 감사 인사, 사례

1 文型

1 ━━━━━ の中の言葉を入れて文を完成させなさい。

> うち　　　ほど　　　もちろん　　　から

❶ 大人は（　　　　　　）、子どもも携帯電話を持つ時代になりました。
けいたい

❷ 携帯電話を持った（　　　　　　）には、使いたくなってしまいます。

❸ 当然、携帯電話を使えば使う（　　　　　　）、使用料は高くなります。
とうぜん　　　　　　　　　　　　　　　　　　　　　しようりょう

❹ 携帯電話が進化していく（　　　　　　）に、それに頼るようになってしまいました。
しんか　　　　　　　　　　　　　　　　　　　　　　たよ

2 ━━━━━ の中の言葉と（　　）の言葉を使って、文を完成させなさい。

> ～うちに　　　～ば～ほど　　　～はもちろん　　　～からには

❶ アメリカに（留学する→　　　　　　　　　　　　）、英語を話せるようになって
りゅうがく
帰ろう。

❷ たくさん（食べる→　　　　　　　　　　　　）、人間は太るものだ。
ふと

❸ 外が（静か→　　　　　　　　　）勉強をすると、よく集中できる。
しず　　　　　　　　　　　　　　　　　しゅうちゅう

❹ その韓国人グループは、（韓国→　　　　　　　　　　）、日本でも人気を集めて
あつ
いる。

1 ░░░░░ の中の言葉を一つ選んで、適当な形にして＿＿＿＿に書きなさい。

❶ 友達に＿＿＿＿ないで、自分一人の力でやってみなさい。

❷ 私たちの体の動きを＿＿＿＿のは、脳です。

❸ 突然皆の前でスピーチをするように言われましたが、何も準備していなかったので＿＿＿＿しまいました。

❹ いつ地震が来るか分からないので、食料を家に＿＿＿＿おくことが大切です。

困る　　　支配する　　　離れる　　　備える　　　頼る

2 次の言葉を使って短文を作りなさい。

❶ 이 사건에 관해 제삼자의 입장에서 의견을 듣고 싶습니다. (第三者、立場)

→ ＿＿＿＿＿＿＿＿＿＿＿＿＿＿＿＿＿＿＿＿＿＿＿＿＿＿＿＿＿＿

❷ 연인에게 의존하면 상대방에게도 부담이 되고 자신도 자립하지 못 합니다.
(依存する、〜にとって、負担)

→ ＿＿＿＿＿＿＿＿＿＿＿＿＿＿＿＿＿＿＿＿＿＿＿＿＿＿＿＿＿＿

❸ 두 사람의 말의 주고 받음은(두 사람이 주고 받는 말은) 마치 만담같아서 웃어버렸습니다. (言葉のやり取り、漫才)

→ ＿＿＿＿＿＿＿＿＿＿＿＿＿＿＿＿＿＿＿＿＿＿＿＿＿＿＿＿＿＿

❹ 건강을 위해서는 규칙 바른 생활과 균형잡힌 식사를 빠뜨릴 수 없습니다.
(規則正しい、バランス、欠かせない)

→ ＿＿＿＿＿＿＿＿＿＿＿＿＿＿＿＿＿＿＿＿＿＿＿＿＿＿＿＿＿＿

A：それでさ、今日先生が言ってたんだけど…。おい！ 聞いてるのか？

B：あ、ごめん、ごめん。メール打つのに夢中で、聞いてなかった。

A：いっつもそうだな。お前、携帯に（①　　　　　　）なんじゃない？

B：そんなことないと思うんだけど、せっかく買ってもらった（②　　　　　）、
　　使わなきゃもったいないでしょ？

A：もしかして、親が携帯電話の料金を（③　　　　　　　　　）るとか？

B：そうだよ。私まだ学生だし、（④　　　　　　　　）ことじゃないでしょ。

A：でも、お前、大学の授業料は（⑤　　　　　）、一人暮らししている部屋の
　　お金や生活費まで、（⑥　　　　　）親に出してもらってるんだろう。

B：そうだけど、子どもが親に（⑦　　　　　）のは（⑧　　　　　　　）のこと
　　でしょ！ それに、最近あんまり会う時間もないし、携帯電話が無いと親
　　とも連絡が取れなくなっちゃう。

A：長電話している時間があるなら、会いに行けばいいじゃないか。

B：えー。顔を合わせたら絶対に、「携帯電話を使いすぎだ！」って怒られる
　　もん。言い訳を（⑨　　　　　　　　　）、もっと怒られるし…。
　　でも話せないと寂しいから、一日三回は家に電話することにしてるの！

A：一日に三回？ お前は携帯電話というより、親への依存をやめるべきだな。

9 ファッション

패션

여러분 주위에 있는 사람들의 패션에는 어떤 스타일이 많나요? 그리고 여러분이 좋아하는 패션은 무엇인가요? 패션이 가진 의미와 특징에 대해 생각해 봅시다.

주요문형 ~といっても / ~とか~とか / ~きる・~きれる / ~ことは~が(けど)

Track-17

　町を歩いていると、色々なファッションを目にします。ファッションといっても、年代や性別によってスタイルが違いますし、国や社会によってもそれぞれの特徴があります。みなさんの周りには、どんなファッションの人がいますか。

　韓国でも日本でも、短いスカートをはいて足を出して歩く若い女性をよく見かけます。暑い季節はもちろん、冬でもブーツとミニスカートで歩く人が多いです。また、足を長くきれいに見せるためにハイヒールをはく女性もいます。元々、人間が服を着る目的は、体を守るためでしたが、これらのファッションは、美しさや個性を重視したスタイルだと言えるでしょう。

　また、メイクや髪型でも個性を表すことができます。目を大きく見せたいとか、鼻を高く見せたいとか、小顔に見せたいなどという女性たちの願いに合わせた化粧品がたくさん売られています。ファッション雑誌やインターネットで化粧の方法を研究して、毎日長い時間をかけてメイクする女性も少なくありません。

　では、男性のファッションはどうでしょうか。これまで、男性のファッションは女性に比べるとシンプルでバラエティーも少ないというイメージがあったかもしれません。しかし、最近の若い男性は変わってきました。これまで女性だけのものだと思われてきたファッションをしてみる若い男性が増えたのです。レギンスをはくとか、メイクをするとか、アクセサリーや髪型にも気を使う人が多くなっています。男なのにそんなファッションをするのは理解しきれないという声が、まだ残っていることはいるのですが、自由な考えや個性を受け入れる雰囲気が社会の中にも広がってきています。

　「美しさ」の基準は人それぞれ違いますし、外見だけで判断するものではありません。しかし、少しでも美しく見られたいというのは、世代や性別、国を超えたみんなの願いのようです。

1 韓国や日本の多くの若い女性は、どんなファッションが好きですか。

→ ____

2 1のようなファッションは、服を着る最初の目的と、どう違いますか。

→ ____

3 女性たちはどのように化粧をしていますか。

→ ____

4 男性のファッションはどのように変わりましたか。

→ ____

5 新しいファッションに対する社会の見方はどうですか。

→ ____

 단어 및 표현

- □ 目にする 보다
- □ 特徴 특징
- □ 守る 지키다
- □ メイク 화장
- □ 願い 바람
- □ バラエティー 변화
- □ 理解する 이해하다
- □ 基準 기준
- □ 世代 세대

- □ 年代 나이대
- □ 元々 원래, 본디
- □ 個性 개성
- □ 表す 드러내다, 나타내다
- □ 研究する 연구하다
- □ レギンス 레깅스
- □ 受け入れる 받아들이다, 수용하다
- □ 外見 겉모습, 외양
- □ 超える 초월하다, 넘다

- □ 性別 성별
- □ 季節 계절
- □ 重視する 중시하다
- □ 小顔 작은 얼굴
- □ シンプル 단순함
- □ 気を使う 신경을 쓰다, 주의하다
- □ 雰囲気 분위기
- □ 判断する 판단하다

1 ～といっても ～라고 해도

'～에서 떠올리기 쉬운 내용과 달리 사실은 …이다'라고 설명할 때 쓴다.

・学校のすぐ隣にはマートがあります。マートといっても、お菓子と飲み物を売っているだけの小さい店です。

・Ａ：毎日、仕事が朝早くて大変ですね。

　Ｂ：いいえ、早いといっても、7時からですから、つらくありません。

・お金がないといっても、生活ができないほどではない。

2 ～とか～とか ～라든지 ～라든지

어떤 사항이나 방법에 대해 구체적인 예를 나열하여 말할 때 쓴다.

・学校のあとも、英語の塾とか、ピアノとか、スイミングとかに通っています。

・旅行に行くとか、アルバイトをするとか、夏休みも予定が多い。

・鈴木さんが会社を辞めたとか、田舎に帰ったとかという話を聞きました。

 단어 및 표현

☐ 隣 옆　　　　　　☐ お菓子 과자　　　　　　☐ つらい 고되다, 힘들다, 괴롭다
☐ 塾 학원　　　　　☐ 会社を辞める 회사를 그만두다

3　〜きる・〜きれる

다(마지막까지) 〜하다 · 다(마지막까지) 〜할 수 있다

〜きるは '다(마지막까지) 〜하다, 완전히 〜하다'라는 뜻으로 완료의 의미를 나타내며, 〜きれる・〜きれない는 그것의 가능, 불가능을 의미한다.

- 辞書を使いながら、日本語の小説を一人で読み**きった**。
- 母は、持ち**きれない**ほどの荷物を持ってスーパーから帰って来た。
- この話は複雑で、説明し**きれない**。

4　〜ことは〜が(けど)

〜하기는 〜하지만

〜은 일단 사실이지만, 그 일에는 그다지 의미가 없을 때, 결과가 기대대로 되지 않았을 때 쓴다. '일단 〜하지만, 그러나…'라고 말하고 싶을 때 쓴다.

- 会場に行く**ことは**行った**が**、結局、彼女には会えなかった。
- Ａ：一人暮らしはどう？ 自由で楽しいでしょう？

　Ｂ：うん、楽しい**ことは**楽しいんだ**けど**、お金がかかって大変だよ。
- Ａ：ねえ、山田さんの彼氏を見たんでしょう？ どんな人だった？

　Ｂ：うん、見た**ことは**見たんだ**けど**、遠くからだったから、顔はよく見え

　　なかった。

- □ 小説 소설
- □ 会場 집회 장소
- □ 荷物 짐
- □ 結局 결국
- □ 複雑 복잡함
- □ 彼氏 남자 친구

❶ 文型

1 ______ の中の言葉を入れて文を完成させなさい。

> といっても　　とか　　きれない　　ことは

❶ 男性が化粧をするのは理解し（　　　　　　）。

❷ 古い考え方をする人もいる（　　　　　　）いるが、少なくなっています。

❸ ファッション（　　　　　　）、年代によってスタイルや着る服は違います。

❹ アクセサリーをつける（　　　　　　）髪型を変えるとか、おしゃれをする方法はたくさんある。

2 ______ の中の言葉と（　　　）の言葉を使って、文を完成させなさい。

> ～といっても　　～とか～とか　　～きれる　　～ことは～が

❶ その本を（買う→　　　　　　　　　　）んだが、まだ読んでいません。

❷ （暑い→　　　　　　　　　）、韓国の夏は日本に比べて過ごしやすい。

❸ （台所の広さ・駅までの距離→　　　　　　　　　　）家を借りるときに注意しなければいけない点は多い。

❹ 空には、（数える→　　　　　　　　　）ほどたくさんの星が輝いている。

1　 　の中の言葉を一つ選んで、適当な形にして________に書きなさい。

❶ 男性のメイクは、会社ではまだ________ていません。

❷ 女性はいくつになってもきれいでいたいという________を持っています。

❸ 私は個性的なスタイルよりも、________服が好きです。

❹ 美しさの________は、国によって違います。

シンプルな　　　受け入れる　　　基準　　　願い　　　判断する

2　 次の言葉を使って短文を作りなさい。

❶ 패션은 성별이나 세대를 넘어 즐기는 것입니다. （性別、世代、超える）

→ ______________________________________

❷ 남동생은 개성을 중시한 패션을 합니다. （個性、重視する）

→ ______________________________________

❸ 같은 옷을 입어도 사람에 따라 분위기는 다릅니다. （〜によって、雰囲気）

→ ______________________________________

❹ 화장을 하거나 액세서리에 신경쓰는 남성을 어떻게 생각합니까? （メイク、気を使う）

→ ______________________________________

Ａ：昨日、新しいファッション雑誌を買ったんだけど、見る？

Ｂ：うん、見せて！　へえ、今年はこういうのが流行なんだね。

Ａ：そうみたい。襟の所に（①　　　　　　　）があるよね。

Ｂ：この服、きれいだね。私もほしいな。

Ａ：この雑誌には、町の人たちのスタイルもたくさん紹介されてるの。
　　ねえ、見て。この人のスタイル、いいと思わない？

Ｂ：ああ、本当。この（②　　　　　　）すてきだね。

Ａ：服だけじゃなくて、（③　　　　　）とかメイクにも（④　　　　　）があって
　　いいよね。

Ｂ：でも、この人は（⑤　　　　　）美人だから、何を着ても似合うんだよ。
　　普通の人には難しいのかも。

Ａ：そんなことないよ。おしゃれは、自分なりの楽しみでいいんだと思う
　　よ。（⑥　　　　　）とか（⑦　　　　　）に関係なく、好きな服を自由に着て
　　いる人は、かっこいいと思うけどな。

Ｂ：そうだね。時代や国を（⑧　　　　　）誰にでも愛される美しさっていう
　　のもあるけど、自分なりの（⑨　　　　　）でファッションを楽しめば、
　　それで十分だよね。

Ａ：うん、この雑誌でファッションを（⑩　　　　　　　　）ながら、着たい服が
　　着られるようにダイエットもがんばらなくちゃ。

<ruby>食<rt>しょく</rt></ruby><ruby>文<rt>ぶん</rt></ruby><ruby>化<rt>か</rt></ruby> 식문화

세상의 많은 나라에는 제각기 다른 식문화가 있으며, 요리나 조리법, 식사 매너 등 식문화는 나라마다 크게 다릅니다. 타국의 식문화를 배우는 이유는 무엇일까요?

주요문형　～では / ～とは限らない / ～をもとに(して) / ～てはじめて

　私たちは何かを食べなければ、生きていくことさえできません。食べること
は人間の生活の一部です。海外旅行をする時の楽しみの一つは、その国の料理
を食べることでしょう。国によって料理に使う素材や味つけ、盛りつけや料理の
方法もさまざまです。料理には、その国の文化が表れているといえます。

　日本料理として有名なものは、すし、てんぷら、刺身などです。和食は基本
的に味つけがうすく、ヘルシーなものが多いというイメージがあります。昔は、
魚を生のまま食べる刺身や、においが強い納豆などは、外国人にはあまり受け
入れられなかったようです。しかし今では、世界中にすしレストランが増え、
和食も人気になりました。

　ただし、和食はすべて日本人が作ったものとは限りません。和食の中には、
外国から伝わってきたものも多くあります。ラーメンやカレーライスなども
その例ですが、日本風にアレンジされ、日本人に長く愛されています。逆に、
和食をもとにして外国でアレンジされ、また日本に入ってきたカリフォルニア
ロールのようなものもあります。料理には、国同士の交流や歴史も表れている
のです。

　また、食事のマナーにもその国の文化が表れます。日本では、ご飯を左、
みそ汁を右に置き、その前に箸を横にして置きます。そして、食べる時は器を
手に持って、箸で食べます。一方、韓国では箸は縦にして置きますし、器を手で
持つことはマナー違反になります。その国の食文化が分からないと、失礼な人、
マナーを知らない人と思われてしまうかもしれません。

　このように、料理や食事のマナーを知ることは、その国の文化を知ることで
す。言葉が通じれば、コミュニケーションはできるかもしれません。しかし、
言語だけでなく、文化を知ってはじめて、その国のことを本当に理解できるの
ではないでしょうか。

1 「料理にはその国の文化が表れている」というのは、なぜですか。

→ ____

2 和食のイメージとは、どのようなものですか。

→ ____

3 外国との交流を表す和食には、どのようなものがありますか。

→ ____

4 日本の食事のマナーとは、どのようなものですか。

→ ____

5 その国の料理や食事のマナーを知ることが、なぜ必要ですか。

→ ____

☐ 海外旅行 해외여행	☐ 楽しみ 즐거움	☐ 素材 소재, 재료
☐ 味つけ 맛을 냄, 간 맞추기	☐ 盛りつけ 그릇에 담기	☐ 文化 문화
☐ 表れる 나타나다	☐ 刺身 회	☐ 和食 일식
☐ 基本的に 기본적으로	☐ うすい 싱겁다	☐ ヘルシー 헬시, 건강함
☐ 生 생, 날 것	☐ におい 냄새	☐ 伝わる 전해지다
☐ 例 예	☐ 日本風 일본풍, 일본식	☐ アレンジする 바꾸다, 각색하다
☐ 交流 교류	☐ 歴史 역사	☐ マナー 매너
☐ ご飯 밥	☐ みそ汁 된장국	☐ 箸 젓가락
☐ 横 가로	☐ 器 그릇	☐ 縦 세로
☐ 違反 위반	☐ 通じる 통하다	☐ コミュニケーション 커뮤니케이션

❶ 〜では

〜에서는, 〜으로는

수단·기준·시간·장소 등을 나타내는 명사에 붙어, '그러한 수단·기준·시간·장소에서는' 이라는 의미를 나타낸다.

・私の家では、毎晩 7 時に夕食を食べます。

・見た目だけでは、その人の性格までは分からない。

・ここからソウル駅までどんなに急いでも 1 時間では行けない。

❷ 〜とは限らない

〜라고는 할 수 없다

'〜가 반드시 옳다고 하기 어렵다' '〜라고 정해져 있지 않다'는 의미를 나타낸다.

・日本語教師が全員日本人とは限らない。

・女性だからといって、料理ができるとは限らない。

・あなたがいくら結婚したくても、彼女がしてくれるとは限らないよ。

□ 見た目 겉보기, 외관　　　□ 夕食 저녁(밥)　　　□ 教師 교사

～をもとに(して)

～을 토대로 (해서)

'～를 재료나 토대로 삼아' 라는 의미이다.

・海外での経験をもとにしてエッセーを書いた。
けいけん

・彼から聞いた話をもとに、彼の地元の料理を作ってみた。
じもと

・お客様からの意見をもとに、もっと良い製品を作れるように努力します。
きゃくさま　　　　　いけん　　　　　　　　　　　　せいひん　　　　　どりょく

～てはじめて

～해서야 비로소

어떤 일이나 사건을 계기로 그 전까지는 생각하지 못했던 점이나 신경쓰지 않았던 부분을 알게 되었다는 의미로 쓴다.

・一人暮らしをしてはじめて、家族の大切さが分かった。
ひとり　ぐ　　　　　　　　　　　　　たいせつ

・彼が亡くなってはじめて、今までの彼の作品が評価されるようになった。
な　　　　　　　　　　　　　　　　さくひん　ひょうか

・外国語を勉強してはじめて、自分の国の言葉について深く考えるように
くに　ことば　　　　　ふか
なった。

□ エッセー 에세이, 수필　　　□ 地元 지방, 그 고장　　　□ 製品 제품
　　　　　　　　　　　　　　　　じもと　　　　　　　　　せいひん
□ 努力する 노력하다　　　　　□ 亡くなる 죽다　　　　　□ 評価する 평가하다
　どりょく　　　　　　　　　　な　　　　　　　　　　　ひょうか

1 文型

1 ＿＿＿＿の中の言葉を入れて文を完成させなさい。

> では　　　とは　　　もとに　　　はじめて

❶ 今（　　　　　　）世界中にすしレストランが増えました。

❷ 和食を（　　　　　　）して外国でアレンジされた料理もある。

❸ 文化を知って（　　　　　　）その国のことを理解できる。

❹ 和食はすべて日本人が作ったもの（　　　　　　）限らない。

2 ＿＿＿＿の中の言葉と（　　）の言葉を使って、文を完成させなさい。

> ～では　　　～とは限らない　　　～をもとに　　　～てはじめて

❶ これは、本当に起こった（事件→　　　　　　　　　）書かれた小説です。

❷ 今朝37度の熱があったが、このぐらいの（熱→　　　　　　　）会社を
休めない。

❸ お金持ちだからといって、（幸せ→　　　　　　　　　）。

❹ 彼女に（出会う→　　　　　　　　）、恋というものを知った。

❷ 言葉の使い方

1 ［ ］ の中の言葉を一つ選んで、適当な形にして ________ に書きなさい。

❶ この店には英語とフランス語が ________ 店員がいます。

❷ あなたのご両親に会えることを、________ にしています。
　　　　りょうしん

❸ 外国に住む時は、その国の文化を ________ が大切です。

❹ 引っ越ししてきた彼も、新しいクラスメイトとして ________ ました。
　ひ　こ

> 受け入れる　　楽しみ　　理解する　　表れる　　通じる

2 次の言葉を使って短文を作りなさい。

❶ 홈페이지에 쓰여 있는 방법을 잘 읽고 예약해 주십시오. （方法、予約する）
　　　　　　　　　　　　　　　　　　　　　　　　　　　ほうほう　よやく

→ ____

❷ 상대방의 눈을 보고 솔직하게 이야기하면 마음은 전해집니다.
（正直に、気持ち、伝わる）
　しょうじき　きも　つた

→ ____

❸ 예의없는 사람이라고 생각되지 않도록 확실하게 매너를 공부합시다.
（失礼な、マナー）
　しつれい

→ ____

❹ 기본적으로 이 가게는 전석 금연으로 되어 있습니다. （基本的に、全席、禁煙）
　　　　　　　　　　　　　　　　　　　　　　　きほんてき　ぜんせき　きんえん

→ ____

다음은 본문과 관련된 회화입니다. 들으면서 빈칸을 채우세요.　Track-20

A：この前の韓国旅行、どうだった？

B：やっぱり韓国料理がおいしかったよ。日本料理とは、（①　　　　　）も
　　（②　　　　　）も違うし。でも、ちょっと失敗しちゃった。

A：失敗って？

B：器を手で持って食べることは、韓国では（③　　　　　）ことなんだって。
　　（④　　　　　　　　　　）、それがダメだって気付いたの。

A：へえ。日本では、手で持って食べないと（⑤　　　　　）になるのに。

B：ね。日本のやり方が世界に（⑥　　　　　　　）限らないって、勉強に
　　なったわ。

A：韓国料理ってからい（⑦　　　　　）があるけど、それは大丈夫だった？

B：料理は（⑧　　　　　）どれもおいしかったよ。でも、プルダクっていう
　　料理だけはからすぎて、半分（⑨　　　　　　　　）できなかったわ。

A：え、半分も食べられなかったって？ やっぱり日本で食べられる韓国料理は、
　　日本人に（⑩　　　　　　　　　　）、からさを抑えてあるんだな。

B：そうね。やっぱり日本人の好みに合わせて（⑪　　　　　　　　）いるん
　　だろうね。

A：なんだか韓国料理が食べたくなってきたよ。

B：じゃあ今から、食べに行こう！

<ruby>日本<rt>に ほん</rt></ruby>の<ruby>行事<rt>ぎょう じ</rt></ruby>

日本の行事

일본의 행사

일본에서는 일 년 내내 수많은 행사, 축제가 열립니다. 계절, 지역에 따라 각양각색의 축제가 있는데요. 어떤 행사가 있는지 그리고 이러한 행사가 열리는 이유는 무엇인지 읽어 봅시다.

〜を〜に（して） / 〜というのは / 〜から〜にかけて / 〜を通して

　昔から日本では季節に合わせてさまざまな行事が行われてきました。

　春にはひな祭りがあります。3月3日にひな人形をかざって、女の子の健康と成長を願うものです。男の子のための行事は、5月5日のこどもの日です。この日は、男の子が大きくなってえらい人になることを願い、こいのぼりをかざります。なぜこいのぼりが魚のコイをモデルにしているかというと、多くの魚が滝を登ろうとした時に、コイだけが登りきって竜になったという中国の昔話があるからです。

　夏の行事といえば、七夕です。七夕は、毎年7月7日に、願いごとを書いたたんざくを笹の葉にかざり、星にお願いをする行事です。七夕は織姫と彦星が一年に一度だけ会える日で、人々の願いもかなえてくれるという伝説があるのです。また、夏には日本中でさまざまなお祭りが行われています。花火をしたり、屋台を出したりして、たくさんの人が集まるお祭りは、元気を与えてくれます。

　秋には月見をします。月見というのは、ススキの葉やだんごなどを置き、皆で食事やお酒を楽しみながらきれいな月を見る行事です。日本では、奈良・平安時代から月見をしていたといわれています。

　冬、12月31日のおおみそかから1月1日にかけて、人々は年越しソバを食べ、除夜の鐘を聞きながら正月を迎えます。正月は新しい年を祝い、お世話になった人に年賀状を出したり、子どもにお年玉をあげたり、初もうでに行ったりします。

　2月には節分があります。これは、「オニは外、福は内」と言いながら豆をまき、まかれた豆を自分の年の数だけ食べるというものです。オニ、つまり悪いものを外に追い出し、一年中元気に過ごすことを願う行事です。

　このように、日本には一年を通してさまざまな行事があります。多くの行事は、皆で楽しみながら、健康や幸福を願うためにするものです。これからも、このような行事は日本の文化として、長く続いていくでしょう。

1 こいのぼりが魚のコイをモデルにしているのは、なぜですか。

→ ____

2 七夕の日に、星にお願いをする理由は何ですか。

→ ____

3 月見はどのような行事ですか。

→ ____

4 日本では正月にどのようなことをしますか。

→ ____

5 行事とは、何のためにするものですか。

→ ____

단어 및 표현

季節 계절	行事 행사	かざる 장식하다
健康 건강	成長 성장	～のための ～를 위한
えらい 훌륭하다	コイ 잉어	～かというと ～하는가 하면
滝 폭포	登りきる 끝까지 올라가다	竜 용
昔話 옛날이야기	願いごと 소원	たんざく 조그만 종이
笹の葉 대나무잎	織姫 직녀	彦星 견우성
かなえる 이루어 주다	伝説 전설	お祭り 축제
花火 불꽃놀이	屋台 포장마차	集まる 모이다
与える 주다	月見 달구경	ススキ 억새
だんご 경단(떡)	おおみそか 섣달 그믐날	年越しソバ 새해를 맞이하며 먹는 메밀 국수
除夜の鐘 제야의 종	迎える 맞이하다	祝う 축하하다
年賀状 연하장	お年玉 세뱃돈	初もうで 새해 첫 참배
節分 계절이 바뀌는 때, 특히 입춘 전날	豆 콩	まく 뿌리다
追い出す 쫓아내다	幸福 행복	

❶ 〜を〜に(して)

〜을 〜으로 (해서)

「AをBに(して)」의 형태로, 어떤 상황에서 A는 B임을 나타낼 때 사용한다.

・次の舞台を最後に、彼女は引退することになっている。

・先生が書いたものをお手本にして、漢字を書いてみなさい。

・子どものころ、彼の歌を聴いたのをきっかけに、歌手を目指すようになった。

❷ 〜というのは

〜란, 〜라는 것은

어떤 단어의 의미를 말할 때 사용한다.

・パソコンというのは、パーソナルコンピューターを略した言葉です。

・赤字というのは、入ってくるお金より出ていくお金が多いことを表す言葉です。

・友情というのは、互いを大切にして、助け合っていくことです。

단어 및 표현

- 舞台 무대
- 引退する 은퇴하다
- お手本 본보기, 모범
- きっかけ 계기
- 目指す 목표로 삼다, 지향하다
- 略す 생략하다
- 赤字 적자
- 互い 서로
- 助け合う 서로 돕다

③

…から〜にかけて

…부터 〜에 걸쳐

장소나 시간 등, 그다지 확실하지 않은 범위를 나타낼 때 사용한다.

- 今夜から明日の朝にかけて大雨が降るそうだ。
- 関東地方から東北地方にかけて、地震の影響が出ています。
- ７月から９月にかけて、道路工事を行います。

④

〜を通して

〜을 통틀어서, 〜내내

'〜동안 계속 같은 상태이다'라고 말하고자 할 때 사용한다.

- わたしの国は、年間を通して暖かいです。
- 母は一生を通して子どものために働き続けました。
- 大学時代の４年間を通してアルバイトを続け、貯金をした。

단어 및 표현

☐ 大雨 큰 비, 폭우	☐ 地震 지진	☐ 影響 영향
☐ 道路工事 도로공사	☐ 働き続ける 계속 일하다	☐ 貯金 저금

① 文型

1 ▭▭▭ の中の言葉を入れて文を完成させなさい。

> して　　　いうのは　　　かけて　　　通して

❶ 月見と（　　　　　　　）、きれいな月を見る行事のことです。
　つきみ　　　　　　　　　　　　　　　つき　　ぎょうじ

❷ ７月から９月に（　　　　　　　）、日本中でたくさんのお祭りが行われます。
　　　　　　　　　　　　　　　　　に ほんじゅう　　　　　まつ　　おこな

❸ 一年を（　　　　　　）、日本にはさまざまな行事があります。

❹ こいのぼりはコイをモデルに（　　　　　）います。

2 ▭▭▭ の中の言葉と（　　）の言葉を使って、文を完成させなさい。

> ～にして　　　～というのは　　　～にかけて　　　～を通して

❶ （学校生活→　　　　　　　　　　　　）、たくさんの思い出ができました。
　　　　　　　　　　　　　　　　　　　　　　　　　　おも　で

❷ ある人との出会いを（きっかけ→　　　　　　　　）、彼は変わりました。
　　　　　　で あ　　　　　　　　　　　　　　　　　　か

❸ （幸運→　　　　　　　）、だれにでもやって来るものです。
　　こううん

❹ 春から（夏→　　　　　　）、このあたりでは、きれいな花が咲きます。
　　　　　　　　　　　　　　　　　　　　　　　　　　　　さ

② 言葉の使い方

1　⬜⬜⬜⬜ の中の言葉を一つ選んで、適当な形にして＿＿＿＿に書きなさい。

❶ 父の誕生日を＿＿＿＿＿くれて、ありがとうございます。

❷ クリスマスが近づくと、街中にクリスマスツリーが＿＿＿＿＿ます。

❸ 山道を急いで＿＿＿＿＿とした時に、けがをしてしまいました。

❹ もうすぐ、新年を＿＿＿＿＿としています。

迎える　　かざる　　祝う　　登る　　与える

2　次の言葉を使って短文を作りなさい。

❶ 이 그래프는 색이 명확하기 때문에 이해하기 쉽습니다.　（グラフ、はっきり）

→ ＿＿＿＿＿＿＿＿＿＿＿＿＿＿＿＿＿＿＿＿＿＿＿＿＿＿

❷ 작년 여름에 씨를 뿌렸으니 이제 곧 꽃이 필 것입니다.　（種、まく、咲く）

→ ＿＿＿＿＿＿＿＿＿＿＿＿＿＿＿＿＿＿＿＿＿＿＿＿＿＿

❸ 여기서 넘어지면 3년 만에 죽어버린다는 전설이 있습니다.　（転ぶ、伝説）

→ ＿＿＿＿＿＿＿＿＿＿＿＿＿＿＿＿＿＿＿＿＿＿＿＿＿＿

❹ 돈을 많이 버는 것이 훌륭한 일이라고는 말할 수 없습니다.　（かせぐ、えらい）

→ ＿＿＿＿＿＿＿＿＿＿＿＿＿＿＿＿＿＿＿＿＿＿＿＿＿＿

다음은 본문과 관련된 회화입니다. 들으면서 빈칸을 채우세요.　Track-22

Ａ：もうすぐ３月だね。

Ｂ：そうね。日本では、３月は「ひな祭り」という行事があるのよ。

Ａ：へぇ。何をするの？

Ｂ：ひな人形を（①　　　　　　）、女の子が健康に育ちますようにって、
　　（②　　　　　　）の。

Ａ：女の子だけ？　男の子の行事はないの？

Ｂ：男の子の行事は、５月５日。ひな人形じゃなくて、（③　　　　　　　　）を
　　かざるのよ。

Ａ：あ、それ、見たことある。魚みたいなやつでしょう。

Ｂ：魚のコイを（④　　　　　　　　）いるからね。男の子が大きくなって、
　　（⑤　　　　　　）ように、っていう意味があるの。

Ａ：７月７日も、何かをお願いする日なんでしょう？

Ｂ：七夕ね。願いごとを（⑥　　　　　　　）に書いて、星にお願いする日よ。

Ａ：何で星にお願いするの？

Ｂ：七夕（⑦　　　　　　）、空にいる織姫と彦星が一年に一回だけ会える日と
　　言われているの。だから、その日だけお願いを（⑧　　　　　　　　　）
　　んだって。

Ａ：へぇ、すてきな（⑨　　　　　　）だね。じゃあ僕も、たくさんお願いする
　　ために、今から考えておかなくちゃ。

Ｂ：よくばりね。願いごとはふつう、一人一つよ。

12 野口英世

노구치 히데요

일본의 천 엔 지폐에는 노구치 히데요(野口英世)의 얼굴이 그려져 있습니다. 그는 가난했던 어린 시절과 손이 불편했다는 약점을 극복하고 세계적으로 유명한 학자가 되었습니다. 노구치 히데요의 삶이 우리에게 주는 교훈에는 어떤 것이 있을까요?

주요문형 ～しかない / ～ばかりでなく / ～最中(に) / ～かわりに

Track-23

　野口英世は1876年11月９日、福島県で生まれました。子どもの頃の名前は清作といいました。家は貧しい農家で、幼い頃からほとんど母親に育てられたそうです。

　１歳の時、左手をやけどして、指がくっついて使えなくなってしまうという事件がありました。このせいで家の農業を継ぐことができなくなったため、野口は勉強して他の仕事をするしかないと考えました。家にお金がなく、進学は難しいと思われていましたが、一生懸命勉強したおかげで優秀な成績が認められて、高等小学校に入学することができました。

　そこで彼に大きな人生の転機がおとずれます。先生や友達が集めてくれたお金で、左手の手術を受けることができたのです。手術の結果、指が使えるようになり、これがきっかけで医者を目指すようになりました。

　野口は学校を卒業した後も必死に勉強を続け、わずか21歳で医者になります。その後は医者として働くばかりでなく、講師として教えたり、細菌学の研究をしたりしました。24歳でアメリカに留学した後には、当時は解明されていなかった病気の原因となる細菌を発見するなど、研究で次々と大きな成果をあげます。ノーベル賞の候補になったこともありました。貧しい家に生まれ、不自由な手のせいで悩んでいた少年が、世界的な学者になったのです。しかし、伝染病の研究をしている最中、自分もその病気にかかってしまい、51歳で亡くなりました。一生勉強と研究を続けたまま、死んでいったのです。

　「努力だ。勉強だ。それが天才だ。だれよりも、三倍、四倍、五倍、勉強する者、それが天才だ。」というのは、野口の言葉です。彼は生まれた時からの天才ではなかったかもしれません。そのかわりに、努力するという才能を持っていました。お金がなくても、体が不自由でも、一生懸命努力すれば、夢はかなえられる。野口英世の人生が教えてくれるのは、そんなメッセージではないでしょうか。

1　野口英世が家の農業を継ぐことができなくなったのは、なぜですか。
　　→ ____

2　お金がない野口が高等小学校に入学できたのは、なぜですか。
　　→ ____

3　野口の人生の転機とは、何でしたか。
　　→ ____

4　医者になった後、野口は何をしましたか。
　　→ ____

5　野口の生き方は、どのようなメッセージを教えてくれますか。
　　→ ____

단어 및 표현

- 貧しい 가난하다
- やけどする 데다, 화상을 입다
- 一生懸命(に) 열심히
- 認める 인정하다
- 転機 전환기
- 結果 결과
- 講師 강사
- 解明する 해명하다, 풀어서 밝히다
- 成果をあげる 성과를 올리다
- 不自由 자유롭지 않음, 불편함
- 伝染病 전염병
- 才能 재능

- 農家 농가
- くっつく 들러붙다
- 優秀 우수
- 高等小学校 지금의 학제로 바뀌기 전 초등학교를 마친 후 다녔던 2년제 학교
- おとずれる 찾아오다
- 必死に 필사적으로
- 細菌学 세균학
- 原因 원인
- ノーベル賞 노벨상
- 悩む 괴로워하다, 고생하다
- 亡くなる 죽다
- かなえる 이루어 주다

- 幼い 어리다
- 継ぐ 잇다, 계승하다
- 成績 성적
- 手術を受ける 수술을 받다
- わずか 불과, 근소함
- 研究 연구
- 発見する 발견하다
- 候補 후보
- 学者 학자
- 天才 천재
- メッセージ 메시지

❶

～しかない

～하는 수밖에 없다. ～해야 한다

'～을 제외하고는 다른 방도가 없다'는 것을 나타낸다.

- 事故でケガをした妹を助けるためには、私の血を使う**しかない**。
- 明日までに仕事を終わらせるためには徹夜する**しかない**。
- お金がないのなら、留学はあきらめる**しかない**。

❷

～ばかりでなく

～뿐 아니라

「Aばかりでなく B(も)」의 형태로 'A는 물론이거니와 B(도)'라는 의미를 나타낸다.

- その意見に、クラスメイト**ばかりでなく**学校中の生徒が賛成した。
- 日本の夏は気温**ばかりでなく**湿度も高いので、過ごしにくい。
- 彼は日本に住んでいたので日本語が話せる**ばかりでなく**、漢字の読み書き

  もできる。

🐛 단어 및 표현

- ☐ ケガをする 다치다, 부상을 입다
- ☐ 助ける 구하다, 살리다
- ☐ 徹夜する 철야하다
- ☐ 生徒 학생 (보통 초, 중, 고 학생)
- ☐ 湿度 습도
- ☐ 読み書き 읽고 쓰기

～最中（に）

한창 ～하는 중(에)

'한창 ～하는 중(에)'라는 의미를 나타낸다. 앞에 동사가 오는 경우 「～ている」의 형태를 취한다.

- 友人に夫のことを話している**最中に**、彼から電話がかかってきた。
- シャワーを浴びている**最中に**配達が来たため、荷物を受け取ることができなかった。
- 結婚式の**最中に**具合が悪くなり、倒れてしまった。

❹

～かわりに

～대신에

'누군가, 무엇인가를 대신하여 다른 사람이나 물건이'라는 의미를 나타낸다.

- 宿題を手伝ってあげる**かわりに**、今度ご飯をおごってね。
- 忙しくて来られない彼の**かわりに**部下が書類を届けに来た。
- そんな中途半端な気持ちでは、失敗もしない**かわりに**、大成功することもないだろう。

- □ シャワーを浴びる 샤워를 하다
- □ 具合 형편, 상태
- □ 書類 서류
- □ 配達 배달
- □ 倒れる 쓰러지다
- □ 届ける 보내다, 전하다
- □ 受け取る 받다, 수취하다
- □ おごる 한턱내다
- □ 中途半端 어중간함, 엉거주춤

① 文型

1 ［　　　　］ の中の言葉を入れて文を完成させなさい。

> しか　　　ばかり　　　最中　　　かわり

❶ お金がない（　　　　　　　）に、一生懸命勉強しました。
　　　　　　　　　　　　　　　いっしょうけんめい

❷ 家を継げないため、他の仕事をする（　　　　　　　）ありませんでした。
　　　つ

❸ 医者として（　　　　　　）でなく、学者としても有名になりました。

❹ 研究をしている（　　　　　　）、病気にかかって亡くなりました。
　けんきゅう　　　　　　　　　　　　びょうき　　　　　な

2 ［　　　　］ の中の言葉と（　　）の言葉を使って、文を完成させなさい。

> ～しかない　　　～ばかりでなく　　　～最中　　　～かわりに

❶ そのゲームは（日本→　　　　　　　　　　）世界中で人気になりました。
　　　　　　　　　　　　　　　　　　　　　　じゅう

❷ 集中できないので、（勉強する→　　　　　　　　）に話しかけないでください。
　しゅうちゅう

❸ （水→　　　　　　　　）ミルクを入れると、もっとおいしくなりますよ。

❹ 昨日は、彼が行けなくなったので、私が（行く→　　　　　　　　　）のです。

❷ 言葉の使い方

1　　　　　の中の言葉を一つ選んで、適当な形にして＿＿＿＿＿に書きなさい。

❶ あの選手は次のオリンピック出場を＿＿＿＿＿て、毎日練習しています。

❷ うまくいっていた会社に、突然の危機が＿＿＿＿＿ました。

❸ この世には、まだ＿＿＿＿＿いない謎がたくさんあります。

❹ あきらめずに努力すれば、夢は＿＿＿＿＿ます。

　　　かなえる　　　おとずれる　　　かかる　　　目指す　　　解明する

2　次の言葉を使って短文を作りなさい。

❶ 뜨거운 물이 든 주전자를 만져서 화상을 입고 말았습니다.
（お湯、やかん、やけどする）

→ ＿＿＿＿＿＿＿＿＿＿＿＿＿＿＿＿＿＿＿＿＿＿＿＿

❷ 아버지의 회사를 잇기 위해서 대학에서 경제학을 공부하고 있습니다.　（継ぐ、経済学）

→ ＿＿＿＿＿＿＿＿＿＿＿＿＿＿＿＿＿＿＿＿＿＿＿＿

❸ 그녀가 처음으로 콩쿠르에서 우승한 것은 고작 여섯 살 때의 일이었습니다.
（優勝する、わずか）

→ ＿＿＿＿＿＿＿＿＿＿＿＿＿＿＿＿＿＿＿＿＿＿＿＿

❹ 성공은 조금씩 쌓아 온 노력의 성과입니다.　（積み重ねる、成果）

→ ＿＿＿＿＿＿＿＿＿＿＿＿＿＿＿＿＿＿＿＿＿＿＿＿

A : 最近、面白い本を読んだんだ。野口英世の伝記。

B : 野口ってあの、千円札の人？

A : そう。知ってる？

B : うーん。家がとても（①　　　　　　　　）ってことと、細菌学の研究をした
　　ことぐらいは知ってるけど。

A : そうそう。（②　　　　　　　　）の候補にもなったぐらい、有名だもんね。

B : そもそも、何で医者になろうと思ったのかな。

A : 野口は、（③　　　　　　）時に左手をやけどして、指が使えなくなったの。
　　でも、その手術を受けたことを（④　　　　　　）に、医者を目指すように
　　なったんだって。

B : 手術にすごく感動して、医者に（⑤　　　　　　　　）と思ったのかもな。

A : それで、医者になって、細菌学の研究をするようになったんだけど、
　　日本（⑥　　　　　　　　）、海外でも研究を進めたの。

B : だから、世界的にも有名なんだ。

A : うん。それで、次々と成果をあげたんだけど、研究の（⑦　　　　　　）に
　　自分も伝染病にかかって、（⑧　　　　　）51歳の若さで亡くなったのよ。

B : へぇ。夢を（⑨　　　　　）、有名な学者になった（⑩　　　　　　）、早く
　　亡くなってしまったんだね。

A : そうね。でも、死ぬ時まで努力を忘れなかった彼は、努力の（⑪　　　　　）
　　だと思う。私も彼を見習って、一生懸命勉強しなくちゃ。

B : まずは今日の宿題からだな。

13 病気(びょうき)と健康(けんこう)

질병과 건강

여러분은 지금 건강하십니까? 현대에는 몸의 병뿐 아니라 마음의 병에 걸린 사람도 늘어난 듯 합니다. 육체적으로 그리고 정신적으로 건강하게 살기 위해서는 어떤 것에 주의해야 될까요?

주요문형 ～おかげで / ～反面 / ～から / ～はずがない

현재、日本人の平均寿命は、男性が約79歳、女性が約86歳といわれています。50年前と比べると、男性が15年ほど、女性は25年ほど延びました。生活が豊かになったり、医学が進歩したりしたおかげで、人々がより長生きするようになったのです。

しかし、暮らしが良くなる反面、昔はあまりなかった病気にかかる人も増えました。例えば、最近多くなっているのが糖尿病です。糖尿病の原因は、食べすぎや運動不足といわれています。食べ物が足りず、栄養不足から病気になる人が多かった時代とは逆に、今は食べすぎや太りすぎで病気になる人が増えているのです。

また、ストレスもさまざまな病気の原因になります。時間ばかり気にして、なかなか休むことができなかったり、人との関係や色々な問題で悩んだりすることは、ストレスをためる原因になります。現代社会にはストレスが多いせいで、体や心の病気になってしまう人も多いそうです。

健康とは、体のことだけではありません。健康であるためには、心も元気でなくてはならないのです。体と心はつながっています。どちらかが不健康な状態では、のびのびと生きていけるはずがないでしょう。

体と心の健康を保つためには、まず、規則正しい生活を心がけることが大切です。バランスのとれた食事をして、自分の体にあった運動をして、夜はゆっくり寝ます。そうするだけで、一日を元気に過ごせるようになるでしょう。タバコの吸いすぎや、お酒の飲みすぎにも気を付けてください。

また、何かに悩んだ時、心がつらいと感じた時には、一人でがまんせず、誰かに話してみましょう。相手は家族でもいいし、友達でもいいし、お医者さんでもいいでしょう。誰かに話を聞いてもらうだけで、心が楽になることもあります。

どんなに医学が進歩しても、自分の体と心を一番よく分かっているのは自分自身であることは変わりません。健康に生きていくために、自分の体と心を大切にしましょう。

1　日本人の平均寿命が延びたのは、なぜですか。
へいきんじゅみょう　　　の

→ ____

2　糖尿病の原因は何ですか。
とうにょうびょう

→ ____

3　ストレスがたまるのは、どのようなことが原因ですか。

→ ____

4　体と心の健康のためには、どうしたら良いですか。
けんこう

→ ____

5　自分で自分の体と心を大切にすべきというのは、なぜですか。
たいせつ

→ ____

단어 및 표현

☐ 現在 현재
げんざい

☐ 延びる 연장되다, 길어지다
の

☐ 進歩する 진보하다
しんぽ

☐ 増える 증가하다
ふ

☐ 栄養不足 영양부족
えいよう ぶ そく

☐ ためる 쌓다

☐ のびのびと 평온하고 느긋하게

☐ 心がける 마음을 쓰다, 유의하다
こころ

☐ がまんする 참다

☐ 平均寿命 평균수명
へいきんじゅみょう

☐ 豊か 풍부함
ゆた

☐ 長生きする 장수하다
なが い

☐ 糖尿病 당뇨병
とうにょうびょう

☐ 逆に 반대로
ぎゃく

☐ つながる 연결되다

☐ 保つ 지키다
たも

☐ バランスがとれる 균형이 잡히다

☐ 楽になる 편해지다
らく

☐ 比べる 비교하다
くら

☐ 医学 의학
い がく

☐ 暮らし 삶, 생활
く

☐ 足りない 부족하다
た

☐ なかなか 좀처럼

☐ 状態 상태
じょうたい

☐ 規則正しい 규칙적이다
き そくただ

☐ つらい 괴롭다, 고통스럽다

①

〜おかげで
〜덕분에

좋은 결과의 원인 · 이유를 나타낸다. 나쁜 결과일 때는 「〜せいで」를 쓴다.

・友達に話を聞いていた**おかげで**、彼の嘘にだまされなかった。

・先生に勉強を教えてもらった**おかげで**、大学に合格できた。

・あなたが手伝ってくれた**おかげで**、いつもより早く仕事が終わりました。

②

〜反面
〜반면

'〜와 반대로'라는 의미를 나타낸다. 똑같은 사항에 두 가지 면이 있음을 나타낸다.

・この化粧品は肌にやさしい**反面**、効果が長く続かない。

・彼女は先輩に優しい**反面**、後輩たちにはとても厳しい。

・石とプラスチックからできたこの紙は、水に強い**反面**、熱には弱い。

 단어 및 표현

☐ 嘘 거짓말	☐ だます 속이다	☐ 化粧品 화장품
☐ 肌にやさしい 피부에 순하다	☐ 効果 효과	☐ 先輩 선배
☐ 後輩 후배	☐ プラスチック 플라스틱	☐ 熱 열

③ ～から

～때문에

원인이나 이유를 나타낸다.

- 運転中の不注意**から**大事故が起きた。
- 参加者が少なかったこと**から**、そのツアーは中止になった。
- 事件が起きた時に現場にいたこと**から**、彼が犯人だと疑われた。

④ ～はずがない

～일 리가 없다

'있을 수 없다, 불가능하다'라는 의미로 가능성이 없음을 나타낼 때 쓴다.

- アメリカに住んでいる彼が、今ここにいる**はずがない**。
- こんなにたくさんの仕事を、私一人でできる**はずがない**。
- 会社が危機にあることを社長が知らない**はずがありません**。

단어 및 표현

- □ 不注意 부주의
- □ ツアー 투어, 관광 여행
- □ 疑う 의심하다
- □ 大事故 큰 사고
- □ 現場 현장
- □ 危機 위기
- □ 参加者 참가자
- □ 犯人 범인

① 文型

1　　　　の中の言葉を入れて文を完成させなさい。

> おかげ　　　反面　　　から　　　はず

❶ 暮らしが良くなる（　　　　　　）、病気にかかる人も増えています。

❷ 栄養不足（　　　　　　）病気になる人が多かった時代もありました。

❸ 医学が進歩した（　　　　　　）で、平均寿命も延びました。

❹ 不健康なままでは、のびのびと生きていける（　　　　　　）がないでしょう。

2　　　　の中の言葉と（　　）の言葉を使って、文を完成させなさい。

> ～おかげで　　　～反面　　　～から　　　～はずがない

❶ 彼女がそんなことを（言う→　　　　　　　　　）と、僕は信じている。

❷ 毎日（努力する→　　　　　　　　）、大会で一位を取ることができた。

❸ 彼は部長とは飲みに行くほど（仲が良い→　　　　　　　　）、課長とは
一言も話さない。

❹ 反対する人が（多い→　　　　　　　）、計画は中止になった。

❷ 言葉の使い方

1 ___ の中の言葉を一つ選んで、適当な形にして ________ に書きなさい。

❶ 大学を卒業したあと、仕事をするか進学（しんがく）をするか ________ いる。

❷ 最近体重（たいじゅう）が ________ きたので、ダイエットをしようと思う。

❸ 将来（しょうらい）、科学（かがく）が ________ ば、生活はもっと便利（べんり）になるだろう。

❹ 地球（ちきゅう）の環境（かんきょう）を守るため、ゴミを減（へ）らすように ________ いる。

> 延びる　　進歩する　　悩む　　心がける　　増える

2 次の言葉を使って短文を作りなさい。

❶ 운동하거나 잘 자거나 해서 스트레스를 쌓지 않도록 합시다.　(ストレス、ためる)

→ ____

❷ 옛날 사람의 생활을 조사해 보면, 다양한 연구를 하고 있었음을 알 수 있습니다.
(暮（く）らし、調（しら）べる、工夫（くふう）)

→ ____

❸ 어린이는 많이 놀게 해서 쑥쑥 키우는 것이 중요합니다.　(のびのびと、育（そだ）てる)

→ ____

❹ 몇 년이나 공부하고 있는데도 좀처럼 영어를 이야기할 수 있게 되지 않습니다.
(なかなか、～ようになる)

→ ____

다음은 본문과 관련된 회화입니다. 들으면서 빈칸을 채우세요.　Track-26

A：最近、なんだか体重が（①　　　　　　　）さぁ。

B：何か悩みでもあるのか？（②　　　　　　　）が（③　　　　　　　）で太るって
　　ことも、あるらしいぞ。

A：悩みってほどじゃないんだけど、毎日仕事が忙しくて、夜（④　　　　　　）
　　ゆっくり眠ることができないんだ。

B：おいおい。寝る時間が（⑤　　　　　　　）と、体調をくずすぞ。

A：しかも、眠れないから、夜中にお菓子を食べたり、お酒を飲んだり
　　しちゃうんだ。

B：そんな生活をしてたら、（⑥　　　　　　　　　　）だろう。

A：分かってる。だから（⑦　　　　　　　　　）と思うんだけど、できないん
　　だよなぁ。

B：夜はゆっくり寝て、（⑧　　　　　　　　　）生活をしていれば、その内
　　やせるさ。それから、お酒は少しがまんした方がいいぞ。

A：ありがとう。アドバイスしてくれた（⑨　　　　　　　　　　）、やる気が出て
　　きたよ。

B：それは良かった。

A：よし。ストレスを（⑩　　　　　　）ように、これから何かおいしいものでも
　　食べに行かないか？　明日は休みだから、朝まで飲もう！

B：お前、俺の話を聞いてたのか？

14 名前 이름

이름은 역사나 유행을 반영한 것으로 그 나라의 문화이기도 합니다. 일본에는 약 30만 종의 성이 있다고 합니다. 다양한 일본인의 이름을 보면 어떠한 것을 알 수 있을까요?

주요문형 ～とのことだ / ～てほしい / ～にかわって / ～一方だ

Track-27

日本には約30万種の名字があるといわれています。最も多い名字が「佐藤」で、その次が「鈴木」、「高橋」です。日本人の名字には、地名や職業、風景から取ったものなどがあります。たとえば、「田中」は田んぼの近くに住んでいたことに由来します。また、ある研究者によると、「佐藤」のように「藤」がつく名字は、平安時代の藤原氏がルーツであるとのことです。

韓国では「金氏」のように名字で呼ぶことは失礼になりますが、日本では初対面や仕事の場などでは名字に「さん」を付けて「佐藤さん」「鈴木さん」のように呼ぶことが普通です。人をフルネームで呼ぶことはほとんどありません。

現在の日本の法律では、結婚すると夫か妻どちらかの名字に変えなくてはなりません。「夫婦別姓を認めてほしい」という人も多くいますが、「家族は皆同じ名字の方が良い」「日本の伝統である」などの反対意見があり、まだ法律では認められていません。

下の名前には、時代ごとの傾向があります。明治から昭和前半生まれの女性の名前には「子」が付くことが多く、男性は「正一」「茂」など、年号や歴代の首相に由来するものが多くありました。しかし、今や名前の流行は大きく変わってきています。2010年に生まれた子どもの名前調査では、男の子は２年連続で「大翔」、女の子は前年の「陽菜」にかわって「さくら」が最も多い名前になりました。現代では漢字の意味より音の響きを重視した名前や、「ひなた」「そら」のような中性的な名前も人気のようです。

ただし、日本では名前の読み方を自由に決められるため、漢字を見ても読めない名前や、珍しすぎて初めて見た人には分からないような名前も増えていく一方です。例えば、「太郎」と書いて「はなこ」と読んでもいいのです。しかし、このような名前はだれにも読めないでしょう。社会の中で生きていく上で、名前は自分の看板になるものです。皆に呼ばれて、覚えられてこそ、名前の価値があるのではないでしょうか。

1 日本人の名字は、どのようなものに由来しますか。
　　　みょうじ　　　　　　　　　　　　　　　　ゆらい

→ ____

2 夫婦別姓がまだ法律で認められていないのは、なぜですか。
　　　ふうふべっせい　　　　ほうりつ　みと

→ ____

3 現代の日本ではどのような名前が人気ですか。
　　　げんだい

→ ____

4 日本で読めない名前や珍しい名前が増えているのはなぜですか。
　　　　　　　　めずら　　　　　　　　ふ

→ ____

5 社会の中での名前の役割とは、どのようなものですか。
　　　　　　　　　　　　　やくわり

→ ____

- 名字 성
  みょうじ
- 職業 직업
  しょくぎょう
- 由来する 유래하다
  ゆらい
- 初対面 첫대면
  しょたいめん
- 法律 법률
  ほうりつ
- ～ごと ～마다
- 歴代 역대
  れきだい
- 響き 울림, 음감
  ひび
- 珍しい 독특하다, 희귀하다
  めずら
- ～てこそ ～해서야말로(강조)

- 最も 가장
  もっと
- 風景 풍경
  ふうけい
- 研究者 연구자
  けんきゅうしゃ
- 普通 보통
  ふつう
- 夫婦別姓 부부별성
  ふうふべっせい
- 傾向 경향
  けいこう
- 首相 수상, 총리
  しゅしょう
- 重視する 중시하다
  じゅうし
- ～上で ～하는 데 있어서
  うえ
- 価値 가치
  かち

- 地名 지명
  ちめい
- 田んぼ 논
  た
- ルーツ 시초
- フルネーム 풀네임
- 伝統 전통
  でんとう
- 年号 연호
  ねんごう
- 流行 유행
  りゅうこう
- 中性的 중성적
  ちゅうせいてき
- 看板 간판
  かんばん
- 役割 역할
  やくわり

문형연습

1

～とのことだ

~라고 한다

누군가에게 듣거나 무언가를 읽어서 알게 된 사실을 전할 때 쓴다.

- 報告書によると、イベントはすべて予定通り行われた**とのことだ**。
- あの空き地にはデパートが建つ**とのことだ**。
- 電話で問い合わせたところ、あの商品は既に売り切れ**とのことだ**。

2

～てほしい

~하길 바란다, ~했으면 좋겠다

다른 사람이나 어떤 사안에 대한 요망이나 희망을 나타낼 때 쓴다.

- 今年の夏は暑すぎるので、早く秋がき**てほしい**。
- 子どもに元気に育っ**てほしい**と思うのは、親ならだれでも同じだ。
- ジュースを飲んだ後は、きちんとフタをし**てほしい**って言ったでしょ。

단어 및 표현

- □ 報告書 보고서
- □ 建つ 서다
- □ 既に 이미, 벌써
- □ ～通り ~대로
- □ 問い合わせる 문의하다
- □ 売り切れ 다 팔림, 매진
- □ 空き地 공터, 빈터
- □ ～たところ ~했더니
- □ フタをする 뚜껑을 덮다

3

〜にかわって

지금까지 해왔던, 또는 평소의 것이 아니라 다른 사람 또는 사물이 한다는 의미를 나타낸다.

・急病のキム先生にかわって今日は私が授業をします。

・出張中の部長にかわって、私から説明させていただきます。

・そのうち、彼にかわって青山さんがチーム代表になる日が来るだろう。

〜一方だ

상황이 어떤 방향으로만 나아가는 것을 나타낸다. 좋지 않은 의미로 쓸 때가 많다.

・部活を辞めてから、太る一方だ。

・入院してからも、彼の病気は悪くなる一方だ。

・どんなに勉強しても成績は下がっていく一方だ。

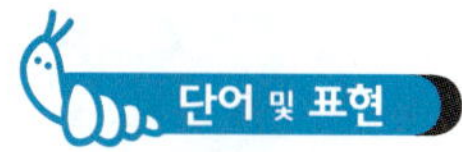

□ 急病 급환

□ 出張 출장

□ そのうち 조만간, 머지않아

□ 部活 동아리 활동

□ 辞める 그만두다

① 文型

1 ⬚⬚⬚ の中の言葉を入れて文を完成させなさい。

> とのこと　　　ほしい　　　かわって　　　一方

❶ 読めない名前や難しい名前は増えていく（　　　　）です。

❷ 日本人の名字は、地名や風景から由来するものが多い（　　　　）です。

❸ 夫婦別姓にして（　　　　）という人の意見は、まだ認められていません。

❹ 意味を重視する名前に（　　　　）、音の響きを重視する名前が人気になっています。

2 ⬚⬚⬚ の中の言葉と（　　）の言葉を使って、文を完成させなさい。

> ～とのこと　　　～てほしい　　　～にかわって　　　～一方だ

❶ 私は、以前のような彼女に（戻る→　　　　　　　　）と思っています。

❷ 今までの（携帯電話→　　　　　　　　）、スマートフォンが人気になりました。

❸ 塾を辞めてから、成績は（悪くなる→　　　　　　　　）です。

❹ 天気予報によると、一週間は雨が（降り続く→　　　　　　　　）です。

1 ⬛⬛⬛⬛⬛ の中の言葉を一つ選んで、________ に書きなさい。

❶ この部屋には、________ の韓国の総理大臣の写真がかざられています。

❷ 私にとって、思い出はどんな品物よりも ________ があるものです。

❸ ________ を守りながら新しいものを作り出すということは、簡単なことではありません。

❹ 今若者の間で人気のある、________ のヘアスタイルです。

流行　　　風景　　　歴代　　　伝統　　　価値

2 次の言葉を使って短文を作りなさい。

❶ 테이블마다 나눠준 프린트를 보십시오.　（〜ごとに、配る）

→ ____

❷ 면접 때에는 학력보다도 그 사람의 성격을 중시합니다.　（面接、学歴、重視する）

→ ____

❸ 탐험대는 정글 안에서 희귀한 벌레를 발견했습니다.　（探検隊、珍しい、発見する）

→ ____

❹ 네덜란드에서는 법률로 동성결혼이 인정되고 있습니다.　（オランダ、法律、同性結婚）

→ ____

다음은 본문과 관련된 회화입니다. 들으면서 빈칸을 채우세요. Track-28

A：はじめまして。どうぞよろしくお願いします。＜名刺を渡す＞

B：（①　　　　　　） 名字ですね。どうお読みするんですか。

A：「角」に「藤」と書いて、「かくとう」と読みます。（②　　　　　） の方には、
　　よく聞かれるんですよ。

B：へえ、「かくとう」さん。その名字は何に（③　　　　　　　）んですか。

A：「藤」という字がつくので、多分、藤原氏が（④　　　　　　　　　　　）
　　です。

B：なるほど。ええと、失礼ですが、下の名前は何と読めばよろしいんです
　　か。

A：「絵」と書いて、「かい」です。「絵画」と同じ読み方です。

B：あぁ、なるほど。そう言われれば、そうですね。

A：どちらも変わった名前なので、（⑤　　　　　） で呼ばれることはほとんど
　　ないんですよ。両親には、もっと分かりやすい名前を（⑥　　　　　　）
　　んですけどね。

B：そうですか。

A：最近は私のような（⑦　　　　　　　） な名前が増えているそうですが、
　　やはり簡単に読めて、性別も分かる名前が一番だと思います。

B：私の名前は「一郎」ですが、最近ではこのような名前は（⑧　　　　　　）
　　のようですね。

A：「一郎」、素敵なお名前ですね。いつかまた、（⑨　　　　　　） になる日が
　　来るのではないでしょうか。

家族関係と性格

가족 관계와 성격

여러분은 가족이나 형제 수가 사람의 성격에 영향을 미친다고 생각하나요?
또 가족 안에서 맏이와 막내의 성격에는 어떤 차이가 있을까요?

주요문형　　～ことになる / ～を通じて / ～にとって / ～につれて

Track-29

　大都市で生活する家族は、夫婦だけ、または夫婦と子供だけという核家族が多くなっています。家族の人数が少なくなっているだけでなく、女性が社会に出て働くようになって、子供の人数も少なくなっています。2009年の調査では、韓国の出生率は世界で二番目の低さでした。兄弟のいない子供がこれからも増えることになりそうです。子供の成長や性格に、家族や兄弟の人数はどのような影響があるでしょうか。

　韓国では1970年代から出生率が下がり始めて、それが2000年代には大きな問題になっています。それまでは、兄弟が5人・6人と多くいましたし、おじいさん・おばあさんとも一緒に暮らす大家族が一般的でした。兄弟が多いと、上の子は両親を手伝って、弟や妹の世話をすることがよくあります。そのため、上の子は「真面目」で「几帳面」だったり、「しっかりしている」性格の人が多いようです。また、下の子供たちも、上の人たちの言うことをよく聞いて、助け合わなければいけないことを、家族という社会を通じて学びました。下の子は「社交的」だったり、「要領がいい」人が多いと言われるのも、このような家族との関係が影響しているのかもしれません。

　しかし、最近では家族や兄弟の人数が減っているため、家族という社会も小さくなりました。両親にとっても、子供は愛情やお金をかけて守る大切な存在へと変わってきました。兄弟が少なければ、近い年の子供と遊ぶことも少なくなります。それにつれて、誰かの世話をしたり、誰かと助け合うことも少なくなります。親が手をかけてくれた分、一人っ子は「甘えん坊」だったり「マイペース」で「個性的」な人が多いと言われています。

　もちろん、家族や兄弟の人数だけで、人の性格が決まるわけではありません。しかし、子供にとって家族の影響はとても大きいので、家族との関係で性格が作られるという考え方は、間違っていないのかもしれません。

1 外で仕事をする女性が多くなって、子供の数はどのように変わりましたか。
そと　　　　　　　　　じょせい　　　　　　　　　　かず　　　　　　　　　　か

→ ____

2 1970年代以前の家族や兄弟はどうでしたか。
きょうだい

→ ____

3 上の子はどうして「しっかりしている」性格の人が多いですか。
せいかく

→ ____

4 家族の中で、子供はどんな存在になりましたか。
そんざい

→ ____

5 一人っ子の性格的な特徴は何ですか。
ひとり　こ　　　　　　　　とくちょう

→ ____

단어 및 표현

- 大都市 대도시
  だいとし
- 人数 인원수
  にんずう
- 成長 성장
  せいちょう
- 大家族 대가족
  だいかぞく
- 真面目 성실함
  まじめ
- 助け合う 서로 돕다
  たすあ
- 愛情 애정
  あいじょう
- 手をかける 공을 들이다, 잘 돌보다
  て
- マイペース 자기 나름의 방식
- 特徴 특징
  とくちょう

- 夫婦 부부
  ふうふ
- 調査 조사
  ちょうさ
- 影響 영향
  えいきょう
- 一般的 일반적
  いっぱんてき
- 几帳面 꼼꼼함
  きちょうめん
- 社交的 사교적
  しゃこうてき
- 守る 지키다
  まも
- 一人っ子 외동딸, 외동아들
  ひとり こ
- 個性的 개성적
  こせいてき

- 核家族 핵가족
  かくかぞく
- 出生率 출생률
  しゅっしょうりつ
- ～始める ～하기 시작하다
  はじ
- 世話をする 돌보다
  せわ
- しっかりしている 착실하다
- 要領 요령
  ようりょう
- 存在 존재
  そんざい
- 甘えん坊 응석받이
  あま　ぼう
- ～わけではない ～인 것은 아니다

❶ ～ことになる

～하게 되다

어떤 사정이나 상황에서 생각하여 '～하게 된다'고 말할 때 쓴다.

・試験の結果と、今日のレポートを合わせて、成績をつけることになる。

・妹も来ることになったので、参加者は全部で5人ということになる。

・計画を立てて宿題をしないと、休みの最後に泣くことになる。

❷ ～を通じて

～을 통해서

'～을 수단으로 하여, ～을 매개로 하여'라는 의미를 나타낸다.

・この授業を通じて、人口問題について考えることができました。

・サークル活動を通じて、たくさんの留学生と知り合いになりました。

・井上先生を通じて、日本の会社とも取引ができるようになりました。

 단어 및 표현

- □ 結果 결과
- □ 成績をつける 성적을 매기다
- □ 参加者 참가자
- □ 計画を立てる 계획을 세우다
- □ 人口 인구
- □ 取引 거래

③

〜にとって

〜에게, 〜에(게) 있어서

'〜의 입장에서 생각하면'이라는 의미를 나타낸다.

・私にとって、彼はただの友達ではなく、家族のような存在だ。

・親にとって、子供は何よりも大切なものだ。

・日本の食文化にとって、しょうゆは欠かすことのできないものだ。

④

〜につれて

〜에 따라서

「AにつれてB」의 형태로 A의 변화가 원인으로 B도 변한다고 말할 때 쓴다.

・日本語は勉強するにつれて、どんどん面白くなっていく言語だと思う。

・時間が経つにつれて、その事故のショックが大きくなってきた。

・年を取るにつれて、故郷がなつかしくなる。

□ ただ 오직, 그저	□ 食文化 식문화	□ 欠かす 빠뜨리다
□ 経つ (시간, 세월이) 흐르다, 지나다	□ 年を取る 나이를 먹다	□ 故郷 고향

1 文型

1 ___ の中の言葉を入れて文を完成させなさい。

> ことになる　　通じて　　とって　　つれて

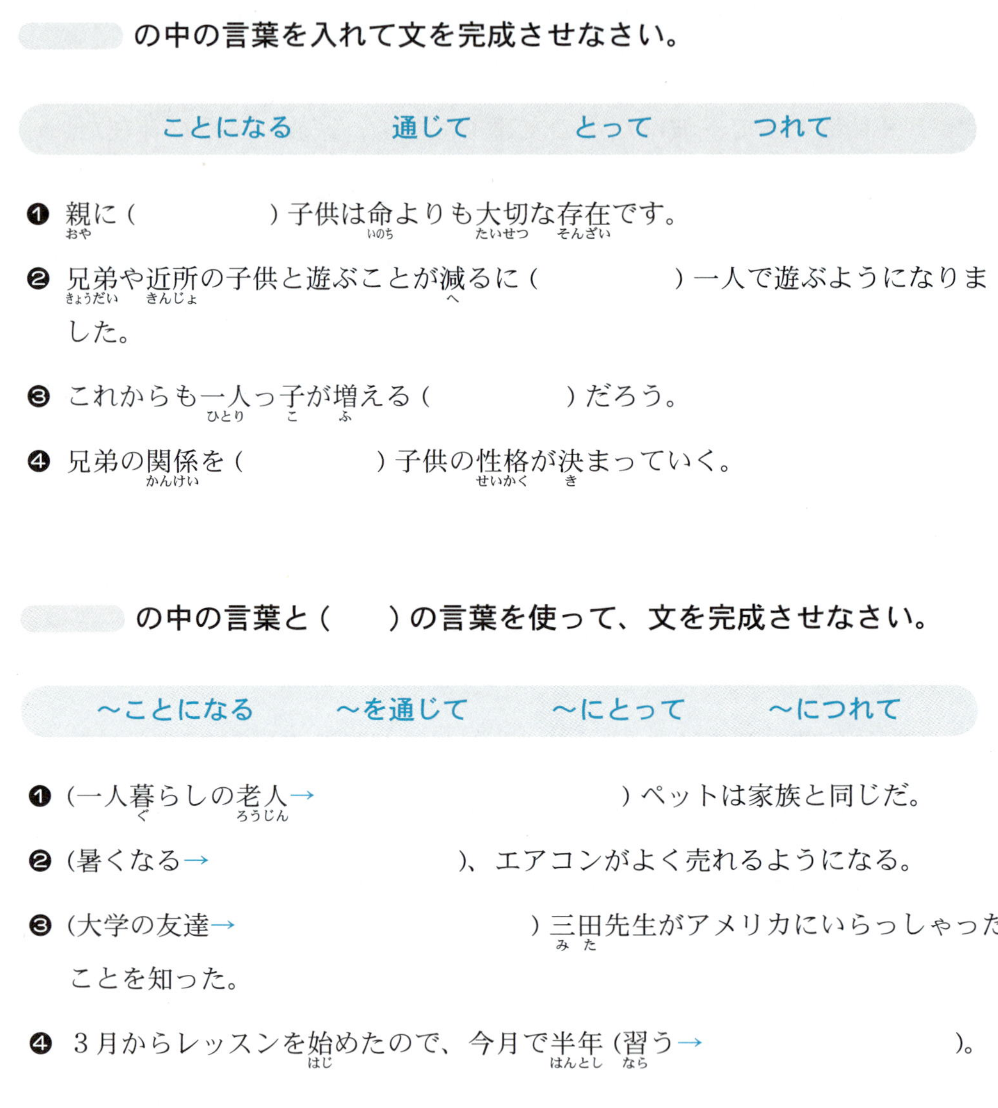

❶ 親に（　　　　　　）子供は命よりも大切な存在です。

❷ 兄弟や近所の子供と遊ぶことが減るに（　　　　　　）一人で遊ぶようになりました。

❸ これからも一人っ子が増える（　　　　　　）だろう。

❹ 兄弟の関係を（　　　　　　）子供の性格が決まっていく。

2 ___ の中の言葉と（　　）の言葉を使って、文を完成させなさい。

> ～ことになる　　～を通じて　　～にとって　　～につれて

❶ （一人暮らしの老人→　　　　　　　　　　）ペットは家族と同じだ。

❷ （暑くなる→　　　　　　　　　）、エアコンがよく売れるようになる。

❸ （大学の友達→　　　　　　　　　）三田先生がアメリカにいらっしゃったことを知った。

❹ 3月からレッスンを始めたので、今月で半年（習う→　　　　　　　　　）。

1 　の中の言葉を一つ選んで、________ に書きなさい。

❶ 韓国でも日本でも、________ が下がっている。

❷ 大都市に若者が集中して、________ が増えている。

❸ 上の子が下の子の ________ をして、兄弟で助け合う。

❹ ________ に兄弟の中で上の子は、________ だと言われている。

世話　　几帳面　　出生率　　影響　　一般的　　核家族

2 次の言葉を使って短文を作りなさい。

❶ 이 조사로 대도시에서는 출생률이 떨어지고 있는 것을 알았습니다.
（調査、大都市、出生率）

→ ________________________________

❷ 최근에는 외동이 많기 때문에, 같은 또래의 아이와 노는 일이 적습니다.
（一人っ子、同じくらいの年）

→ ________________________________

❸ 남자 아이는 성실하기보다도 마이 페이스이고 사교적인 편이 좋다.
（真面目、マイペース、社交的）

→ ________________________________

❹ 아이의 성장에는 잘 돌보고 지켜 주는 사람이 필요합니다.　（成長、手をかける、守る）

→ ________________________________

다음은 본문과 관련된 회화입니다. 들으면서 빈칸을 채우세요.　Track-30

A：何を読んでるの？

B：世界の子供の数についての調査だよ。

A：へえ、世界では生まれる子供がどんどん増えているんでしょ？

B：うん、そうなんだけど、最近の（①　　　　　　　）では、先進国の
　　（②　　　　　　　　）が下がっているそうだよ。

A：そうなんだ。韓国も？

B：うん、韓国でもソウルやプサンなどの（③　　　　　）では、特に子供が
　　少なくなっているんだって。

A：そう…。そういえば、私の友達も兄弟がいない人が多いかも。

B：このままだと、あと10年後には大変な問題になるそうだよ。

A：でも、兄弟がいない（④　　　　　　　）だと、親が子どもに（⑤　　　　　　）
　　られるから、教育のためにはいいのかもしれないね。

B：そうかなあ。兄弟がいないと、わがままで（⑥　　　　　　　）な性格になり
　　そうだけどな。

A：兄弟の人数だけで（⑦　　　　　　　）が決まるって考えるのは、ちょっと
　　問題があると思うけど…伊藤くんは妹がいるのに、わがままでしょ？

B：失礼だな！僕は妹の（⑧　　　　　　）をよくして、両親を手伝ったから、
　　（⑨　　　　　　　　　　　）ってみんなに言われるのに。

A：え？そんなこと、誰に言われたの？やっぱり兄弟の人数は性格に
　　（⑩　　　　　　　）しないってことだね。

がい　こく　ご　きょう　いく

16 外国語教育

외국어 교육

자녀가 아주 어릴 때부터 영어를 가르치는 부모가 늘고 있습니다. 또한 혼자 유학을 가는 초등학생, 중학생이나 자녀의 영어 교육을 위해 해외로 이민을 떠나는 가족도 많아졌습니다. 언어를 공부하기에는 어느 시기가 가장 좋을까요?

주요문형 ～ざるを得ない / ～までして / ～でさえ / ～となると

Track-31

みなさんは、英語や日本語が上手に話せますか。英語が話せるというのは、もう珍しいことではなくなりました。最近では、３か国語、４か国語が話せるという人も少なくありません。就職の時にも、英語の点数は必ず聞かれるので、英語は勉強せざるをえません。グローバル社会になって、英語教育への関心はますます高まっているようです。では、新しい言葉を勉強するのに一番良い年齢はいつでしょうか。子どもが小さい時に、できるだけ早くから始めた方が良いのでしょうか。

新しい言葉を習うためには、長い時間がかかります。言葉は小さい時から学ばなければ身につかないと考えて、妊娠中から、お腹の中の赤ちゃんに英語のテレビや音楽を聞かせる人もいます。また、韓国では、小学校に入る前から英語の塾に通う子どもも多くいます。小学生や中学生の時に一人で留学する子どもも多いですし、さらに、英語圏に引っ越しまでして子どもの英語教育に力を入れる親もいます。しかし、韓国語でさえまだしっかりと読み書きができない子どもに英語を教えて、効果があるのでしょうか。

一般的に、言葉を習うときには、「臨界期」というものがあると考えられています。「臨界期」というのは、ある行動の学習が可能な時期のことをいいます。言葉の場合は、生まれてからある時期までにその言葉を学習しなければ、ネイティブ・スピーカーのような自然な言葉を身につけることができなくなる年齢のことです。そのため、親たちは少しでも早くから子どもに英語を学ばせて、将来に備えてやろうと考えるのでしょう。しかし、子どもの場合、自分の国の言葉が身についていないうちに他の言葉を集中的に勉強するとなると、最初に覚えた言葉を忘れてしまったり、自分の国の言葉が発達しなくなることもあるそうです。いつから、どのように英語を学ぶのが良いか、子どもの言語教育は専門家によっても意見が分かれる問題です。

1 グローバル社会では、就職の時に何が必要ですか。
   →　______________________________________

2 言葉の勉強は早くから始めた方が良いと考えている人は、いつから子どもに
   英語を学ばせますか。
   →　______________________________________

3 韓国の子供たちはいつごろから英語を学んでいますか。
   →　______________________________________

4 どうして親たちは子どもに早く英語を学ばせようと考えるのですか。
   →　______________________________________

5 小さい時に外国語を学ぶと、どんな危険がありますか。
   →　______________________________________

단어 및 표현

- 言葉 언어, 말
- 珍しい 드물다, 희한하다
- 必ず 반드시
- 高まる 높아지다
- 身につく 몸에 배다, 익혀지다
- 通う 다니다
- しっかりと 제대로, 똑똑히
- 一般的 일반적
- 学習 학습
- ネイティブ・スピーカー 네이티브 스피커, 원어민
- 将来 장래
- 覚える 기억하다, 익히다
- 分かれる 나눠지다

- 年齢 연령, 나이
- 就職 취직
- グローバル社会 글로벌 사회
- かかる 걸리다, 소요되다
- 妊娠する 임신하다
- 英語圏 영어권
- 読み書き 읽고 쓰기
- 臨界期 임계기
- 可能 가능
- 備える 대비하다
- 発達する 발달하다

- 小さい 어리다, 작다
- 点数 점수
- 関心 관심
- 学ぶ 배우다
- 塾 학원
- 力を入れる 힘을 쏟다
- 効果 효과
- 行動 행동
- 時期 시기
- 身につける 익히다
- 集中的に 집중적으로
- 言語 언어

❶ ～ざるを得ない

～할 수밖에 없다, ～해야 한다

'～하기 싫지만 반드시 해야 하는 상황이라 별 도리 없이 ～한다'고 말하고 싶을 때 쓴다.
「～ないわけにはいかない」에 가까운 의미지만 '어쩔 수 없이'라는 느낌이 더 강하다.

・今年の夏は、あまり長い休みが取れないから、海外旅行はあきらめ**ざるを得ません**。

・社長から直接メールをいただいたので、私も会議に出席せ**ざるを得ない**。

・両親が忙しかったので、小さいころから家事を手伝わ**ざるを得なかった**。

❷ ～までして

～까지 하면서

무엇인가 극단적인 사항을 예로 들어 '이런 정도의 일까지 해서'라고 강조하고 싶을 때 쓴다. '극단적인 수단까지'라는 말하는 사람의 격한 감정이 들어 있다.

・悪いこと**までして**お金持ちになりたいとは思わない。

・母は、仕事の他にアルバイト**までして**私を大学に行かせてくれた。

・そんなに何回も謝って**までして**、彼に許してもらわなくてもいい。

🦐 단어 및 표현

- ☐ 休みを取る 휴가를 내다
- ☐ 家事 가사, 집안일
- ☐ 謝る 사과하다
- ☐ あきらめる 단념하다
- ☐ お金持ち 부자
- ☐ 許す 용서하다
- ☐ 直接 직접
- ☐ 行かせる 보내다, 가게 하다

～でさえ

～조차

'다른 것은 물론이고, ～도'라고 말하고 싶을 때 쓴다. 「～でも」의 강조표현이다.

・会社の同僚でさえ、木田さんが引っ越したことを知りませんでした。

・小さい子どもでさえ、ゴミを捨てたらいけないということは分かる。

・外国人はもちろん、日本人でさえその漢字を書ける人は少ない。

❹

～となると

～하게 되면, ～하게 된다면

'만일에 ～라는 상황이 되었을 때, 혹시 ～라는 상황이 되었다면'이라고 말하고 싶을 때 쓴다.

・水野君が行けないとなると、誰が来月の国際会議に参加できるだろう。

・明日、お客様に会うとなると、今日中にこの仕事を終わらせなければ

ならない。

・子どもが生まれるとなると、もう少し広い家に引っ越したほうが良い。

☐ 同僚 동료

☐ 参加する 참가하다

1 文型

1 ⬚⬚⬚ の中の言葉を入れて文を完成させなさい。

> ざるを得ない　　までして　　でさえ　　となると

❶ 小さい時に英語の勉強を始める（　　　　　　）、韓国語の読み書きが大変だ。

❷ みんなが勉強しているので、就職のために、私も外国語を勉強せ（　　　　　）。

❸ この子は小さいので、韓国語（　　　　　）まだ話せません。

❹ 家族が離れて生活（　　　　）、子どもに英語を勉強させる。

2 ⬚⬚⬚ の中の言葉と（　　）の言葉を使って、文を完成させなさい。

> 〜ざるを得ない　　〜までして　　〜でさえ　　〜となると

❶ 頭が痛い時は（くだもの→　　　　　　　　　）食べられない。

❷ （そんなこと→　　　　　　　　　）彼に勝ちたいとは思わない。

❸ 台風が来ているので、キャンプは（中止する→　　　　　　　　）だろう。

❹ 来年から日本に（留学する→　　　　　　　　）アルバイトをしてお金を貯めなければならない。

❷ 言葉の使い方

1 ［　　　　　］の中の言葉を一つ選んで、適当な形にして＿＿＿＿に書きなさい。

❶ 小さいころから、＿＿＿＿にいくつも通う子どもが多い。

❷ 子どもが英語を＿＿＿＿ために、家族で＿＿＿＿に引っ越した。

❸ 自分の国の言葉が＿＿＿＿話せるようになってから、英語を教えるつもりだ。

❹ 何歳から英語を勉強するのが、一番＿＿＿＿があるだろうか。

> しっかりと　　効果　　自然な　　学ぶ　　塾　　英語圏

2 次の言葉を使って短文を作りなさい。

❶ 장래에 대비하여 영어 공부를 합니다.（将来、備える）

→ ＿＿＿＿＿＿＿＿＿＿＿＿＿＿＿＿＿＿＿＿＿＿＿＿＿＿＿＿＿

❷ 언어를 공부하는데 적합한 시기에 대해서는 전문가라도 의견이 다릅니다.
（言葉、適する、専門家）

→ ＿＿＿＿＿＿＿＿＿＿＿＿＿＿＿＿＿＿＿＿＿＿＿＿＿＿＿＿＿

❸ 네이티브 스피커와 같은 자연스러운 영어를 말할 수 있게 되고 싶습니다.
（ネイティブ・スピーカー、自然な）

→ ＿＿＿＿＿＿＿＿＿＿＿＿＿＿＿＿＿＿＿＿＿＿＿＿＿＿＿＿＿

❹ 글로벌 사회이므로 취직 때에도 영어점수가 필요합니다.
（グローバル社会、就職、点数）

→ ＿＿＿＿＿＿＿＿＿＿＿＿＿＿＿＿＿＿＿＿＿＿＿＿＿＿＿＿＿

A：ねえ、上田さんのお子さんって、何歳？

B：あ、上の子が４歳で、下の子がもうすぐ２歳です。

A：そうなんだ。じゃ、これから教育費とかお金がかかるね。

B：そうなんですよ。上の子は、そろそろ（①　　　　　　　）に通わせようと
　　思っているんです。

A：へえ、何の？

B：まず英語とピアノぐらいは。他の子どもたちも（②　　　　　　　）みたいだ
　　から…。

A：４歳なのに、もう英語？ ちょっと早すぎるんじゃないの？

B：いえ、早い子は生まれてすぐから（③　　　　　　　）いますよ。うちはまだ
　　いいかなと思っていたんですけど、小学校に行く前に、（④　　　　　　　）
　　とか基本的なことは（⑤　　　　　　）させておかないと。

A：そうなんだ。親って大変だね。

B：この間読んだ本には、（⑥　　　　　　　）に（⑦　　　　　　）、コンピューターと
　　外国語だけは（⑧　　　　　　　　　　）方がいいって書いてありました。
　　最近は、（⑨　　　　　　）も厳しいですしね。

A：まだ４歳なのに、そんな先の心配？ まずは日本語を（⑩　　　　　　　　　）
　　教えた方がいいんじゃないの？

17 血液型 혈액형

여러분은 처음 만난 사람과 성격이 잘 맞을지 혈액형으로 판단한 적이 있습니까?
혈액형과 성격에는 어떤 관계가 있을까요? 혈액형으로 성격을 파악해 온 역사에 대해 살펴 봅시다.

주요문형

～に関する / ～わけがない / ～にしても / ～に基づく

本屋に行くと、血液型と性格診断に関する本がたくさん売られています。それらの本に紹介されている自分の血液型の特徴を読んで、みなさんはそれが合っていると思うでしょうか。それとも、「人間の性格が４種類に分けられるわけがない」と思うでしょうか。人間の血液型と性格には関連性があると思いますか。

人間の血液型が４種類あるということは、1900年にオーストリアのカール・ラントシュタイナーによって発見されました。その後、血液型が人の性格と関係があるという研究を始めたのは、日本の心理学者、古川竹二でした。この時には、古川の研究は社会から認められませんでしたが、第二次世界大戦が終わって、血液型性格診断は日本国内でどんどん注目を集めるようになりました。

1980年代になると、心理学者たちは血液型と性格との関連性についてさらに研究を進めました。しかし、結局その関連性は見つかりませんでした。それでも、性格診断の人気は高く、それを信じている人も多くいます。

では、４つの血液型は、それぞれどんな性格だと言われているのでしょうか。まず、A型は真面目で几帳面な性格だと言われます。気配りが上手で、礼儀正しいですが、好き嫌いがはっきりしている性格だそうです。次に、B型は、マイペースで楽天的な性格だと言われています。自分の感情に素直すぎるので、自己中心的にならないように注意が必要だそうです。そして、AB型はA型とB型の両方の性格を持っているので、二重人格だと言われます。夢や理想を追求するタイプで、繊細な人が多いです。最後にO型は、社交的でリーダー的な存在ですが、保守的で頑固なところも持っている人が多いと言われています。そして、仲間を大事にするロマンチストな性格だそうです。

科学的な関連性がないにしても、血液型に基づく性格診断は興味深いものです。自分や友達の性格の特徴について分類したり、相性を考えてみると楽しいかもしれません。

1 カール・ランドシュナイターはどんな発見をしましたか。
　　　はっけん

→ ____

2 血液型性格診断は、どのように始まりましたか。
　　けつえきがたせいかくしんだん

→ ____

3 血液型と性格には関連性がありますか。
　　　　　　　かんれんせい

→ ____

4 Ａ型の長所は何ですか。
　　がた　ちょうしょ

→ ____

5 Ｏ型の短所は何ですか。
　　　たんしょ

→ ____

단어 및 표현

- 血液型 혈액형
  けつえきがた
- 種類 종류
  しゅるい
- 心理学者 심리학자
  しんりがくしゃ
- 注目 주목
  ちゅうもく
- 信じる 믿다
  しん
- 好き嫌い 좋고 싫음
  す　きら
- 感情 감정
  かんじょう
- 二重人格 이중인격
  にじゅうじんかく
- 繊細 섬세함
  せんさい
- 保守的 보수적
  ほしゅてき
- ロマンチスト 로맨티스트
- 分類する 분류하다
  ぶんるい

- 性格診断 성격 진단
  せいかくしんだん
- 関連性 관련성
  かんれんせい
- 第二次世界大戦 제2차 세계대전
  だいにじせかいたいせん
- さらに 더욱더
- 気配り 배려
  きくば
- はっきりする 뚜렷하다
- 素直 솔직함
  すなお
- 理想 이상
  りそう
- 社交的 사교적
  しゃこうてき
- 頑固 완고함
  がんこ
- 科学的 과학적
  かがくてき
- 相性 궁합 또는 성격이 서로 맞음
  あいしょう

- 特徴 특징
  とくちょう
- 研究 연구
  けんきゅう
- どんどん 점점
- 結局 결국
  けっきょく
- 礼儀正しい 예의바르다
  れいぎただ
- 楽天的 낙천적
  らくてんてき
- 自己中心的 자기중심적
  じこちゅうしんてき
- 追求する 추구하다
  ついきゅう
- 存在 존재
  そんざい
- 仲間 동료
  なかま
- 興味深い 매우 흥미롭다
  きょうみぶか

❶ 〜に関^{かん}する

〜에 관한

「〜について」와 의미·용법은 같지만「〜について」보다 딱딱한 표현이다.

・その事故に関する新聞記事を読みました。
　じこ　かん　　きじ

・姉は、地震に関する研究をしています。
　　　じしん　かん　けんきゅう

・そのプログラムに関する意見を自由に話してください。
　　　　　　　　　　　　いけん

❷ 〜わけがない

〜할 리가 없다, 〜될 수가 없다

어떤 사실을 근거로 〜가 성립하는 이유나 가능성이 없다고 강하게 말할 때 쓴다. 「当然〜ない」와 같은 의미다.

・A：岡田さんにお願いした仕事、もう終わったかな。
　　おかだ　　　　　　　　　　　　お

　B：昨日の夕方にお願いしたから、まだ終わるわけがないよ。
　　　　　ゆうがた

・大学からそこまで2時間はかかるから、11時に着くわけがない。

・この子はまだ5歳だから、そんな難しい問題が分かるわけがない。

 단어 및 표현

☐ 事故 사고　　　　☐ 記事 기사　　　　☐ プログラム 프로그램
　じこ　　　　　　　　きじ

140

～にしても

'만약 ~라고 가정해도'라고 할 때 쓴다. 뒷문장에는 그로부터 예상되는 것과 맞지 않는다는 내용이 온다.

- 今日はまだ仕事が残っているので、食事会に行けるにしても10時頃になる。
- 昨日の試験はとても難しかったから、合格するにしてもぎりぎりの点数だろう。
- このマンションでは、ペットを飼うにしても魚か鳥だけだ。

～に基づく

'~을 생각의 기준으로 하여'라고 말하고자 할 때 쓴다.

- お客様の希望に基づく商品を作ることが、私たちの仕事です。
- このデータに基づく私たちの考えを会議で発表します。
- どんなことでも、経験に基づく話は信用できます。

- ☐ 合格する 합격하다
- ☐ ぎりぎり 아슬아슬
- ☐ 飼う 기르다
- ☐ 希望 희망
- ☐ 経験 경험
- ☐ 信用 신용

① 文型

1　＿＿＿＿＿の中の言葉を入れて文を完成させなさい。

> 関する　　わけがない　　しても　　基づく

❶ 血液型に（　　　　　　　）相性診断はおもしろい。

❷ 研究では、血液型と性格の関連性が分からなかったに（　　　　　　）とても
興味深い。

❸ 血液型と性格に（　　　　　）研究を始めました。

❹ 血液型で性格診断ができる（　　　　　）。

2　＿＿＿＿＿の中の言葉と（　　）の言葉を使って、文を完成させなさい。

> ～に関する　　～わけがない　　～にしても　　～に基づく

❶ こんな時間に起きて、（間に合う→　　　　　　　　　　　）。

❷ （料理→　　　　　　　　　　）ことは、何でも林さんに聞くといい。

❸ ダイエットが必要かどうか、（身長→　　　　　　　　）体重を計算する。

❹ （怒っている→　　　　　　　　）、あんな言い方はひどすぎる。

1 ┃┃┃┃┃ の中の言葉を一つ選んで、適当な形にして＿＿＿＿＿に書きなさい。

❶ この研究は、まだ一般的に＿＿＿＿＿ていません。

❷ 血液型への人々の関心が＿＿＿＿＿高まっています。

❸ 性格診断は当たると＿＿＿＿＿いる人もたくさんいます。

❹ 兄は、勉強も仕事も自分の理想を＿＿＿＿＿タイプです。

はっきり　　信じる　　追求する　　認める　　どんどん

2 次の言葉を使って短文を作りなさい。

❶ 누나는 자신의 감정에 솔직한데, 다른 사람에게 배려도 잘 합니다.
（感情、素直、気配り）

→ ＿＿＿＿＿＿＿＿＿＿＿＿＿＿＿＿＿＿＿＿＿

❷ 제2차 세계대전후 일본에서는 혈액형 성격진단이 인기있어졌습니다.
（第二次世界大戦、血液型、性格診断）

→ ＿＿＿＿＿＿＿＿＿＿＿＿＿＿＿＿＿＿＿＿＿

❸ 이 책에는 각각의 혈액형 성격의 특징이 쓰여져 있습니다.　（性格、特徴）

→ ＿＿＿＿＿＿＿＿＿＿＿＿＿＿＿＿＿＿＿＿＿

❹ 노구치 씨는 낙천적입니다만 섬세하고 보수적인 면도 있습니다.
（野口、楽天的、繊細、保守的）

→ ＿＿＿＿＿＿＿＿＿＿＿＿＿＿＿＿＿＿＿＿＿

A：ねえ、この本見て。昨日買ったんだけど、面白いよ。

B：なに？ へえ、血液型の本？

A：そう。鈴木さんは何型？

B：僕はＢ型。何て書いてある？

A：Ｂ型は…（①　　　　　　　）で、ちょっと（②　　　　　　　）なところが

あるんだって。当たっているね。

B：そうかなあ？ 山田さんもマイペースなところ、あるでしょ？

A：私はＯ型だから、（③　　　　　　　）で（④　　　　　　　）なんだって。

B：はは。そうかもね。あ、ここに書いてある（⑤　　　　　　　）っていうのも

合っているね。

A：えー、そんなことないよ。血液型にはたった４つの（⑥　　　　　　　）しか

ないから、全ての人に全部合うとは言えないと思う。

B：そんな、悪い所だけ「合っていない」っていうのは、ずるいよ。僕から見

ると、ほとんど合っていると思うけどな。

A：本当は、血液型と（⑦　　　　　　　）には科学的な（⑧　　　　　　　）はないん

だって。でも、やっぱり合っている部分が多い感じがするのよね。

B：うん。全ての人間を４タイプに（⑨　　　　　　　）することは難しいかも

しれないけど、こうやって（⑩　　　　　　　）を話すのっておもしろいよね。

18 スポーツ

스포츠

세상에는 많은 스포츠가 있습니다. 그 중에서 여러분이 특히 좋아하는 스포츠는 무엇인가요?
또 스포츠를 하면 어떤 점이 좋을까요? 올림픽 유치 목적과 효과에 대해서도 함께 생각해 봅시다.

주요문형　～に伴って / ～のみならず / ～ついでに / ～たあげく

みなさんはどんなスポーツが好きですか。スポーツは私達の健康のためにも、心の発達のためにもいい効果があります。そのため、日本では小さいときから地域のスポーツチームなどで、子どもたちにスポーツを習わせる傾向があります。中学校や高校でも、部活動に必ず参加しなければならない学校が多いので、スポーツをして体を強くしようと考える人もいます。また、厳しい練習をして自分自身と戦うと、忍耐力も身につきます。

　韓国では、部活動がないため、子どもたちが継続的にスポーツをすることは、あまり多くありません。小学生のときにテコンドーを習っている人はいますが、それを中学や高校まで続けている人は少ないようです。

　スポーツの楽しみは、自分が競技をすることだけではありません。応援することでも感動や喜びが得られます。韓国では、2018年の冬季オリンピック開催決定に伴って、韓国選手への国民の期待も高くなっています。また、選手の育成にもますます力が入りそうです。世界的なスポーツイベントであるオリンピックの開催は、国にとっての名誉のみならず、経済的な発展も期待されます。例えば、交通や宿泊所を整備したり、オリンピックの商品を発売したりしても、利益が得られるでしょう。オリンピックを見るついでに韓国を旅行する外国人も増えるので、美しく、発展した韓国を世界にアピールする良い機会にもなります。

　しかし、オリンピックの開催は良いことばかりではありません。日本の長野やカナダのバンクーバーのように、オリンピックが終わった後に赤字に苦しむ都市もあります。高い金額をかけて施設を作ったあげく、オリンピックの後にそれが活用されないと、その後の発展につながらないのです。オリンピックが韓国選手の育成や、韓国の人々の希望になるように、これからの準備が進むことを願います。

1 日本の子どもは、どのようにスポーツをしますか。

→ ____

2 韓国の子どもは、日本の子どもとどう違いますか。

→ ____

3 韓国では、なぜ韓国選手への期待が高くなっていますか。
　　　せんしゅ　　　　き たい

→ ____

4 オリンピックを開催するメリットは何ですか。
　　　　　　　かいさい

→ ____

5 オリンピック開催の危険はどんなことですか。
　　　　　　　　　き けん

→ ____

단어 및 표현

- □ 地域 지역　ち いき
- □ 戦う 싸우다　たたか
- □ 競技 경기　きょう ぎ
- □ 喜び 기쁨　よろこ
- □ 開催 개최　かいさい
- □ 力が入る 힘이 들어가다　ちから　　はい
- □ 整備 정비　せい び
- □ 発展する 발전하다　はってん
- □ 苦しむ 고생하다, 시달리다　くる
- □ 活用 활용　かつよう

- □ 部活動 동아리 활동　ぶ かつどう
- □ 忍耐力 인내력　にんたいりょく
- □ 応援 응원　おうえん
- □ 得る 얻다　え
- □ 期待 기대　き たい
- □ 名誉 명예　めい よ
- □ 発売 발매　はっばい
- □ 機会 기회　き かい
- □ 金額 금액　きんがく
- □ つながる 이어지다

- □ 厳しい 혹독하다　きび
- □ 継続的に 계속해서　けいぞくてき
- □ 感動 감동　かんどう
- □ 冬季 동계　とう き
- □ 育成 육성　いくせい
- □ 宿泊所 숙박시설　しゅくはくしょ
- □ 利益 이익　り えき
- □ 赤字 적자　あか じ
- □ 施設 시설　し せつ

❶

〜に伴（ともな）って…

〜함에 따라, 〜하면서

'〜가 변화하면, 이와 함께 …도 변화한다'고 말하고자 할 때 쓴다. 「〜」「…」에 모두 변화를 나타내는 단어가 온다. '〜하면 그에 응해'와 가까운 의미로 쓰인다.

・人口（じんこう）の増加（ぞうか）に伴（ともな）って、交通（こうつう）の問題も起こりました。

・食生活の変化（へんか）に伴って、病気（びょうき）になる人が多くなりました。

・息子（むすこ）は、成長（せいちょう）するのに伴って性格（せいかく）が明るくなりました。

❷

〜のみならず

〜뿐만 아니라

'〜뿐만 아니라, 범위가 훨씬 큰 다른 곳까지도 파급된다'고 말하고자 할 때 쓴다.
「〜のみならず」의 뒤에 오는 문장에는 「も・まで・さえ」가 함께 쓰이는 경우가 많다.

・ミンさんは、中国語のみならずタイ語も話せます。

・いつも厳（きび）しい父のみならず優（やさ）しい母まで、私の留学に反対（はんたい）しました。

・この漫画（まんが）は、日本国内のみならず海外（かいがい）でも人気がある。

단어 및 표현

- □ 人口（じんこう） 인구
- □ 増加（ぞうか） 증가
- □ 変化（へんか） 변화
- □ 成長（せいちょう） 성장
- □ 反対（はんたい）する 반대하다
- □ 漫画（まんが） 만화

3

～ついでに

～하는 김에

'～을 하는 기회에'라고 말할 때 쓴다.

- スーパーに行く**ついでに**、その近くのパン屋でパンも買った。
- 大阪に旅行した**ついでに**、大学時代の友達と会いました。
- 台所でコーヒーを入れる**ついでに**、私のお茶も持ってきてくれる？

4

～たあげく

～한 끝에

'여러가지로 ～한 끝에 결국은 유감스러운 결과가 되었다'고 말할 때 쓴다. 한 번뿐인 일이나 가벼운 일에는 쓰지 않는다.

- 兄は仕事で大きなミスを**したあげく**、クビになった。
- 彼は何度も私にお金を借り**たあげく**、何も言わずに国に帰ってしまった。
- 家に帰る最終バスに乗り遅れ**たあげく**、タクシーにも乗れなかった。

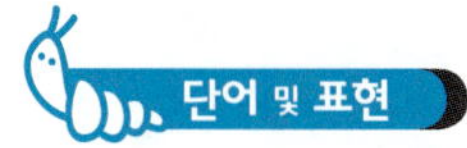

- □ コーヒーを入れる 커피를 끓이다　　□ ミス 실수　　　　　□ クビになる 해고 당하다
- □ 最終バス 막차　　　　　　　　　　□ 乗り遅れる 늦어서 못타다, 차를 놓치다

① 文型

1 ＿＿＿＿ の中の言葉を入れて文を完成させなさい。

> 伴って　　のみならず　　ついでに　　あげく

❶ オリンピックを開催すると、経済が発展する（　　　　　）、世界中からの注目を集めます。

❷ オリンピックのためにたくさんのお金を使った（　　　　　）、大会後はそれがむだになってしまうこともあります。

❸ オリンピックの開催に（　　　　　）、旅行客が増えています。

❹ 試合を応援する（　　　　　）記念品も買った。

2 ＿＿＿＿ の中の言葉と（　　　）の言葉を使って、文を完成させなさい。

> ～に伴って　　～のみならず　　～ついでに　　～たあげく

❶ （引っ越し→　　　　　　　　　）、母は仕事をやめることになりました。

❷ （図書館に行く→　　　　　　　　　）この本も返しておいてくれる？

❸ 頑張って練習したのに、マラソン大会で1位に（なれない→　　　　　　　　　）、転んでけがまでした。

❹ 試合に（参加する→　　　　　　　　　）、優勝することが目標だ。

② 言葉の使い方

1 ＿＿＿＿ の中の言葉を一つ選んで、適当な形にして ＿＿＿＿＿ に書きなさい。

❶ オリンピックを見て、多くの感動を ＿＿＿＿＿。
かんどう

❷ 韓国代表選手になるために、練習にも ＿＿＿＿＿。
だいひょうせんしゅ

❸ 勉強のために部活動に ＿＿＿＿＿ 学生もいます。
ぶ かつどう

❹ オリンピックの開催は、国や地域の発展にも ＿＿＿＿＿。
ち いき　はってん

> 力が入る　　参加する　　得る　　つながる　　身につく

2 次の言葉を使って短文を作りなさい。

❶ 계속적으로 운동을 하면, 인내력이 익혀집니다. （継続的に、忍耐力、身につく）
けいぞくてき　　にんたいりょく　み

→ ＿＿＿＿＿＿＿＿＿＿＿＿＿＿＿＿＿＿＿＿＿＿

❷ 중학생은 이 경기에 반드시 참가해 주세요. （競技、参加する）
きょう ぎ　さん か

→ ＿＿＿＿＿＿＿＿＿＿＿＿＿＿＿＿＿＿＿＿＿＿

❸ 올림픽을 위해서 숙박시설을 정비했습니다. （宿泊所、整備）
しゅくはくしょ　せい び

→ ＿＿＿＿＿＿＿＿＿＿＿＿＿＿＿＿＿＿＿＿＿＿

❹ 올림픽 개최 후 적자에 시달릴 위험도 있습니다. （開催、赤字、危険）
かいさい　あか じ　き けん

→ ＿＿＿＿＿＿＿＿＿＿＿＿＿＿＿＿＿＿＿＿＿＿

다음은 본문과 관련된 회화입니다. 들으면서 빈칸을 채우세요.　Track-36

A：ねえ、昨日のサッカーの試合、見た？ 日本代表、すごかったよね。

B：うん。おもしろい試合だったね。一生懸命（①　　　　　　　）したよ。

A：そう言えば、佐藤さんはサッカーやってたんでしょ？

B：うん、中学と高校のときに（②　　　　　　　）でやってたんだ。

A：自分がやってた（③　　　　　　　）だと、ルールとかもよく分かるし、もっと
おもしろいんだろうね。

B：うん、そうだと思う。自分が（④　　　　　　）練習をしたことを思い出した
りするから、ワールドカップとか大きい試合で日本が勝つと（⑤　　　　　　）
しちゃうんだ。

A：そうなんだ。スポーツっていいよね。自分がすれば、もちろん健康にも
いいし、（⑥　　　　　　）とか、思いやりの気持ちとかも（⑦　　　　　　）そう。

B：そうかもね。ああ、次のワールドカップは、まだまだ先だな。

A：そうね。でも、もうすぐオリンピックが（⑧　　　　　　　）されるわよ。
まずは、オリンピックで日本が活躍するように、応援しましょうよ。

B：そうだね。多くの競技で日本の選手が（⑨　　　　　　）ことを（⑩　　　　　）
いるよ。

動物保護

どう　ぶつ　ほ　ご

동물보호

지구에서 사라져가는 동물들에 대해 아시나요? 시대가 바뀌고 인간의 삶은 상당한 발전을 이루었지만 수많은 동물들은 멸종 위기에 놓였습니다. 인간과 동물이 공존하기 위해 우리가 할 수 있는 일은 무엇일까요?

주요문형　〜て以来 / 〜によると / 〜に限らず / 〜かぎり

　地球が誕生して以来46億年もの間、生物たちはそれぞれ生命をつないできました。現在、地球上の動植物の種類は約200万にものぼるといわれています。しかし、IUCN(国際自然保護連合)によると、調査した約４万７千種の動植物のうち、１万７千種以上が絶滅の危機にあるそうです。

　その一例がジャイアントパンダです。WWF(世界自然保護基金)によると、現在中国に生息しているジャイアントパンダの数はわずか約1600頭で、このまま数が減り続ければ今後絶滅してしまう可能性があります。パンダだけに限らず、ライオンやゴリラなど、私たちがよく知っている多くの動物たちも今、絶滅の危機にあるといわれています。世界中で愛されている動物が地球上から消えてしまう日が来るかもしれないのです。

　動物たちが絶滅の危機にある理由の一つが、人間による環境破壊です。都市開発のために森林の木を切ることや、工場から汚染物質を出すことなどが、動物たちの住むところを奪い、命の危険につながっているのです。また、地球温暖化や酸性雨などの影響で、動物たちの生きる環境はますます厳しいものになっています。

　動植物の危機は、私たち人間にとっても無関係な問題ではありません。人間は酸素が無ければ生きられませんが、その酸素を作り出しているのは植物だからです。その植物を育てるために、虫が花粉を運んだり、動物のフンや死がいが栄養になったりしています。このように、人間と動物と植物は互いに関係し、つながりあって生きているのです。

　地球上で生きる仲間として、私たちは動物保護について考え、行動しなくてはなりません。ごみを減らす、環境にやさしい製品を買う、森林を守るなど、身近なところから出来るかぎり環境問題に取り組むことが、多くの生命を守ることにつながっていくでしょう。

1 IUCNの調査から、どのようなことが分かりましたか。
_{ちょう さ}

→ ____

2 今どのような動物が絶滅の危機にあるといわれていますか。
_{どうぶつ　ぜつめつ　き き}

→ ____

3 動物たちが絶滅の危機にある理由とは、何ですか。

→ ____

4 「動植物の危機は人間にとっても無関係ではない」というのは、なぜですか。
_{どうしょくぶつ　　　　　　　　　む かんけい}

→ ____

5 環境問題に対して私たちが取り組むことができることとは、どのようなこと
_{かんきょう　　　　　　　　　と く}
ですか。

→ ____

단어 및 표현

- 誕生する 탄생하다
- つなぐ 잇다
- 危機 위기
- わずか 겨우, 고작
- 環境破壊 환경 파괴
- 汚染物質 오염물질
- つながる 이어지다
- 生きる 살다, 생존하다
- 育てる 키우다
- フン 똥
- 互いに 서로
- 製品 제품

- それぞれ 저마다, 각각
- のぼる 수량이 어느 정도에 이르다
- ジャイアントパンダ 자이언트 팬더
- 可能性 가능성
- 都市開発 도시 개발
- 奪う 빼앗다
- 地球温暖化 지구온난화
- ますます 점점
- 花粉 꽃가루
- 死がい 시체
- 減らす 줄이다
- 身近 신변, 가까운 곳

- 生命 생명
- 絶滅 멸종
- 生息する 서식하다
- 消える 사라지다
- 森林 삼림, 숲
- 危険 위험
- 酸性雨 산성비
- 酸素 산소
- 運ぶ 옮기다
- 栄養 영양
- 環境にやさしい 친환경적이다
- 取り組む 몰두하다

1

～て以来
（いらい）

～한 이후, ～한 후

'～을 하고나서 지금까지 쭉'이라는 의미이다.

- 彼は入学して以来（いらい）、ずっと試験（しけん）で１位を取り続けている。
- 私の母は去年の夏に足の手術（しゅじゅつ）を受（う）けて以来、まだ歩くことができないでいる。
- 子どもが生（う）まれて以来、すっかり自分の服（ふく）を買わなくなってしまった。

2

～によると

～에 따르면, ～에 의하면

정보의 근원을 나타낸다. 그 뒤에는 「…そうだ」「…ということだ」「…らしい」「…ようだ」 등의 말이 이어진다.

- 先生の話によると、来週転校生（てんこうせい）が来るらしい。
- 天気予報（てんきよほう）によると、今週はずっと良い天気が続くそうだ。
- アンケートによると、５人中３人は増税（ぞうぜい）が必要だと考えているようだ。

단어 및 표현

- □ 手術（しゅじゅつ）を受（う）ける 수술을 받다
- □ すっかり 완전히, 아주
- □ 転校生（てんこうせい） 전학생
- □ 天気予報（てんきよほう） 일기예보
- □ アンケート 앙케트
- □ 増税（ぞうぜい） 증세

③ ～に限<ruby>限<rt>かぎ</rt></ruby>らず

'～뿐만 아니라, 그 외의 다른 것도'라는 의미를 나타낸다.

- この施設は休日に限らず、平日も利用できます。
- 彼女は元テニス部員だが、テニスに限らず、スポーツは何でも得意だ。
- 日本に限らず、世界中で不景気が続いている。

④ ～かぎり

'극한까지 ～한다'는 의미를 나타낸다.

- 私で分かることなら、できるかぎりお答えします。
- 明日の試合は、力のかぎり頑張ります。
- あなたが知っている国の名前を、思いつくかぎり挙げてください。

단어 및 표현

- □ 施設 시설
- □ 平日 평일
- □ 得意 잘 함, 장기
- □ 不景気 불경기
- □ 思いつく 생각이 떠오르다
- □ 挙げる 거론하다, 들다

① 文型

1 ＿＿＿＿の中の言葉を入れて文を完成させなさい。

| 以来　　　よると　　　限らず　　　かぎり |

❶ WWFに（　　　　　　　）、ジャイアントパンダの数は年々減り続けています。

❷ 自分が出来る（　　　　　　　）環境保護に取り組むことが大切だ。

❸ 地球が誕生して（　　　　　　　）、生物たちは生命をつないできました。

❹ パンダだけに（　　　　　　　）、ライオンやゴリラなども絶滅の危機にあります。

2 ＿＿＿＿の中の言葉と（　　）の言葉を使って、文を完成させなさい。

| 〜て以来　　　〜によると　　　〜に限らず　　　〜かぎり |

❶ 私は大学に（入学する→　　　　　　　　　）、一度も授業を欠席したことがない。

❷ 彼女は（リンゴ→　　　　　　　　　）、果物なら何でも好きだ。

❸ この仕事が（終わる→　　　　　　　　　）、家に帰ることはできない。

❹ （報告書→　　　　　　　　　）、会社の業績は伸び続けているらしい。

1 ＿＿＿＿ の中の言葉を一つ選んで、適当な形にして ＿＿＿＿＿ に書きなさい。

❶ パソコンが壊れて、データがすべて ＿＿＿＿＿ しまいました。

❷ 新しく駅やデパートができて、これから ＿＿＿＿＿ この街に人が増えるでしょう。

❸ 運動の良いところと悪いところを ＿＿＿＿＿ 一つずつ、考えてください。

❹ 母に「ダイエットしなさい」と言われて、おやつは一日 ＿＿＿＿＿ 一つに ＿＿＿＿＿ てしまいました。

> 減らす　　それぞれ　　消える　　ますます　　わずか

2 次の言葉を使って短文を作りなさい。

❶ 그의 부모님은 예절교육이 엄격해서 자유롭게 밖에 놀러 가지도 못합니다.
（しつけ、厳しい、自由に）

→ ＿＿＿＿＿＿＿＿＿＿＿＿＿＿＿＿＿＿＿＿＿＿＿＿＿

❷ 이번 교통 사고 요인은 택시 운전수의 졸음운전이었습니다.　（要因、居眠り運転）

→ ＿＿＿＿＿＿＿＿＿＿＿＿＿＿＿＿＿＿＿＿＿＿＿＿＿

❸ 이 숲 속에 서식하는 생물의 종류는 100종에나 이른다고 합니다.
（生息する、種類、のぼる）

→ ＿＿＿＿＿＿＿＿＿＿＿＿＿＿＿＿＿＿＿＿＿＿＿＿＿

❹ 지구 온난화 방지를 위해 에너지 삭감에 힘써 나갈 생각입니다.
（地球温暖化、削減、取り組む）

→ ＿＿＿＿＿＿＿＿＿＿＿＿＿＿＿＿＿＿＿＿＿＿＿＿＿

다음은 본문과 관련된 회화입니다. 들으면서 빈칸을 채우세요.　Track-38

A：今日、すっごく寒いね。

B：うん。でも天気予報（①　　　　　　）、来週まで寒さが続くんだって。

A：えー！　嫌だなぁ。寒いと朝起きられないし…。私もクマみたいに、冬の
　　間は何もしないで眠っていたい。

B：そういえばニュースで見たけど、最近、クマが（②　　　　　　）になって
　　いるらしいよ。

A：え、クマが？　どうして？

B：人間の（③　　　　　　　）破壊のせいで、クマが食べる木の実や果物が
　　減ったり、住むところがなくなったりしてるんだって。

A：そっか、森の中で（④　　　　　）クマたちにとっては、森は家でもあり、
　　（⑤　　　　　）が取れる場所でもあるんだよね。

B：それから、クマの毛皮などを手に入れるために、人間がたくさんクマを
　　捕まえたことも原因みたいだね。それで、（⑥　　　　　　）クマの数が
　　減っているらしいよ。

A：お金のために命を（⑦　　　　　　）なんて、クマがかわいそう。

B：かわいそうだよな。何も悪いことはしていないのに。

A：私、もう冬の間は眠っていたいなんて言わない！　たくさん勉強して、
　　動物保護のレポートを書くことにする！

B：そうだね。大切な問題だから、（⑧　　　　　　）一生懸命（⑨　　　　　　）
　　方がいいよ。

20 観光業 <ruby>観<rt>かん</rt></ruby><ruby>光<rt>こう</rt></ruby><ruby>業<rt>ぎょう</rt></ruby> 관광업

한국과 일본의 유명한 관광지는 어디일까요? 그리고 양국의 관광산업(기념품, 교통 등)에는 어떤 특징이 있을까요? 관광지의 경관 조성에 대해서도 생각해 봅시다.

주요문형 ～こそ / ～つつある / ～といった / ～といえば

　みなさんは、これまでにどんな所を旅行したことがありますか。人々は国を越えて気軽に移動を楽しむようになりました。毎日の生活を忘れて心を軽くし、きれいな景色を見ながらおいしい物を食べることこそ、旅行の楽しみではないでしょうか。観光業は、今やどの国にとっても大きな産業の一つになりつつあります。

　日本で観光客が一番多い所は、やはり京都です。京都は、1200年以上も前からずっと日本の歴史の中で重要な都市として発展してきました。そのため、京都には、古い寺や神社、宮殿といった観光名所がたくさん残っています。京都駅には新幹線も止まりますし、市内には地下鉄もバスも走っているので、車のない人でも移動に不便なことはありません。

　また、おみやげも重要な産業の一つとなっています。京都で人気のおみやげは、名物のお菓子や京野菜で作った漬物、かわいい小物やポストカードなどです。こんなおみやげをもらったら、まだ京都に行ったことのない人でも、一度行ってみたいと思うでしょう。

　では、韓国で有名な観光地といえば、どこでしょうか。多くの人は済州島や慶州と言うでしょう。「屋根のない博物館」といわれる慶州は、約1000年もの間、新羅文化の中心地として発展してきたため、今でも多くの遺跡が残っています。しかし、電車が整備されていないため、外国人や車を持っていない人には、ツアー以外で慶州を見て回るのが難しいかもしれません。

　慶州は、新しい都市と古い遺跡とのコントラストがはっきりしています。一方、京都は20メートル以上の建物を建ててはいけないという決まりがあるので、古い町並みや伝統的な建物が多く目に入ってきます。このように、二つの都市の景観には違いがあります。

　「観光業」といっても、国や町によって、そのアピールの仕方は違います。色々な場所を旅行して、観光地の特徴を比べてみるとおもしろいかもしれません。

1　旅行の良さは何だと言っていますか。

→ ____

2　京都はどんな都市ですか。
　　　きょうと　　　　　　　とし

→ ____

3　京都のおみやげにはどんなものがありますか。

→ ____

4　慶州の交通はどうですか。
　　　キョンジュ　こうつう

→ ____

5　京都と慶州の景観の違いは何ですか。
　　　　　　　　　けいかん　ちが

→ ____

단어 및 표현

☐ 越える 넘다 こ	☐ 気軽に 가볍게, 선뜻 き がる	☐ 移動 이동 い どう
☐ 景色 경치 け しき	☐ 観光業 관광업 かんこうぎょう	☐ 今や 이제야말로 いま
☐ 産業 산업 さんぎょう	☐ 歴史 역사 れき し	☐ 都市 도시 と し
☐ 寺 절 てら	☐ 神社 신사 じんじゃ	☐ 宮殿 궁전 きゅうでん
☐ 名所 명소 めいしょ	☐ 残る 남다 のこ	☐ 新幹線 신칸센 (일본 고속열차) しんかんせん
☐ おみやげ 기념품, 선물	☐ 名物 명물 めいぶつ	
☐ 京野菜 일본 메이지 시대 이전부터 교토 지방에서 재배되어 온 특산 채소 きょう や さい		☐ 漬物 채소 절임 つけもの
☐ 小物 소품 こ もの	☐ 観光地 관광지 かんこうち	☐ 屋根 지붕 や ね
☐ 博物館 박물관 はくぶつかん	☐ 遺跡 유적 い せき	☐ 整備 정비 せい び
☐ コントラスト 대조, 대비	☐ 建物 건물 たてもの	☐ 建てる 세우다 た
☐ 決まり 규정, 규칙 き	☐ 町並み 시가지, 길거리 まち な	☐ 伝統的 전통적 でんとうてき
☐ 景観 경관 けいかん	☐ 仕方 방식 し かた	☐ 比べる 비교하다 くら

❶ 〜こそ

〜야말로

'다른 것이 아니라 바로 이것이다'라고 뭔가 중요한 것을 강조하고자 할 때 쓴다.

・この人こそ、私が長い間、会いたいと思っていた人です。

・「ありがとう」という言葉こそ、何よりもうれしいプレゼントだ。

・毎日、規則的な生活をすることこそ、健康に一番良い。

❷ 〜つつある

〜하고 있다

사건이 어떤 방향으로 진행 중임을 강조할 때 쓰는 말이다. '지금 마침 〜하고 있다'라는 의미로 문어체이다.

・日本経済は不景気から回復しつつある。

・昨日からの大雨で川の水があふれつつあるため、避難してください。

・小学生が携帯電話を持つことも当たり前になりつつあります。

 단어 및 표현

- □ プレゼント 선물
- □ あふれる 넘치다
- □ 規則的 규칙적
- □ 避難する 피난하다
- □ 回復する 회복하다
- □ 当たり前 당연함

③

〜といった

〜라는, 〜라고 하는

「〜といった＋명사」의 형태로 같은 종류의 구체적인 예를 들고자 할 때 쓴다. 「〜とか〜とか」와 의미나 용법은 같으나 「〜とか〜とか」보다 딱딱한 느낌을 준다.

- 東京や横浜といった大きな町には、地下鉄があるため、車がなくても不便ではない。
- テニスやゴルフといったスポーツは、年をとっても続けることができる。
- 梅干しや納豆といった食べ物は体にとても良い。

④

〜といえば

〜라고 하면, 〜라고 한다면

누군가가 화제로 삼은 것이나 자신의 머리속에 떠오른 사항을 예로 들어 화제로 삼을 때 사용하는 말이다.

- アニメといえば、最近は留学生の方が日本人よりも日本のアニメに詳しいこともある。
- カメラといえば、弟がまた新しいカメラを買ったそうだ。
- 星野さんは、先月イタリアに行ったそうだよ。イタリアといえば、昨日のサッカーの試合、見た？

□ 梅干し 매실 장아찌

①　文型

1　⬜⬜⬜　の中の言葉を入れて文を完成させなさい。

> こそ　　つつある　　といった　　といえば

❶ 京都のおみやげ（　　　　　）漬物が有名です。

❷ 観光業は、どの国でも大きな産業の一つになり（　　　　　）ようです。

❸ 韓国では、慶州や済州島（　　　　　）観光地が人気です。

❹ 忙しい生活を忘れられること（　　　　　）旅行の楽しみです。

2　⬜⬜⬜　の中の言葉と（　　）の言葉を使って、文を完成させなさい。

> ～こそ　　～つつある　　～といった　　～といえば

❶ 暑くなってきたので、（扇風機やエアコン→　　　　　　　　　　　）
商品がよく売れている。

❷ （この場所→　　　　　　　　）、私がずっと来たいと思っていたところだ。

❸ （内藤さん→　　　　　　　　）、彼の転勤はどうなったんだろう。

❹ フランス語を半年間勉強したが、今は全然使わないので、もう
（忘れる→　　　　　　　　　　）。

1 ⬤ の中の言葉を一つ選んで、適当な形にして ________ に書きなさい。

❶ 古い町で、________ な建物を見た。

❷ 旅行に行ったら、その場所の ________ 料理を食べたほうがいい。

❸ ここは1200年前から ________ きた都市です。

❹ 古い ________ や景色を見ると、日常を忘れられる。

> 町並み　　名物　　伝統的　　発展する　　おみやげ

2 次の言葉を使って短文を作りなさい。

❶ 나라를 넘어 부담없이 여행을 할 수 있게 되었습니다. （越える、気軽に）

→ ____

❷ 여행에서는 이동할 때도 밖의 경치나 건물을 보는 것이 재미있습니다.
（移動する、景色、建物）

→ ____

❸ 선물로는 명물인 채소 절임을 살 생각입니다. （おみやげ、名物、漬物）

→ ____

❹ 오래된 절이나 신사, 궁전을 보면 그 마을의 역사를 알 수 있습니다.
（神社、宮殿、町、歴史）

→ ____

A：ねえねえ、夏休み、どこか旅行した？

B：うん、京都に行って来た。はい、これ（①　　　　　）。京都（②　　　　　）
　　のお菓子なんだけど、食べて。

A：うわー、ありがとう。いいな、京都に行ったんだね。私は行ったこと
　　ないんだ。どうだった？

B：うん、すっごく暑かったんだけど、（③　　　　　）も神社も良かったよ。

A：へえ、いいな。京都ってどんな所なの？

B：うん、京都は1200年以上前から発展してきた大きな（④　　　　　）なん
　　だけど、（⑤　　　　　）町並みが（⑥　　　　　）いてきれいな所だよ。

A：私は京都の（⑦　　　　　）をあまりよく知らないんだ。

B：京都には（⑧　　　　　）がたくさんあるから、是非、一度行ってみると
　　いいよ。世界遺産の清水寺とか、金閣寺とか、本当にきれいだから。

A：へえ、名前だけしか聞いたことないけど、行ってみたいな。

B：秋は天気もいいし、10月の連休に行ってみたら？　東京からは新幹線で
　　行くのが早いけど、窓から見える（⑨　　　　　）もすごくいいよ。晴れて
　　いたら富士山も見えるかも。

A：そうなんだ。じゃ、行ってみるね。

부록

- 독해문제 모범답
- 연습문제 정답
- 회화 괄호 넣기 정답

독해문제

1 ゲーム機を使ったテレビゲームや、コンピュータを利用したオンラインゲーム。

2 インターネットを利用する人が多いから。

3 インターネットを使うことで、離れた場所にいる人とも一緒にゲームができること。

4 コミュニケーションのためのツールとして、家族や友達同士で遊んだり、世界中の人とつながったりすることができること。
　ゲームを通して知識が増えたり、感動を覚えたり、ストレス解消になったりすること。

5 ゲームのために寝る時間や食事の時間を減らしたり、部屋の中にずっといたりすると、体に良くない。
　ゲームの影響を受けすぎて、現実世界とバーチャル世界の区別がつかなくなってしまう人が増え、犯罪につながるケースもある。

연습문제

❶ 문형

1　① べき
　　② だけ
　　③ 向け
　　④ うち

2　① 気付かないうちに
　　② 行くべき
　　③ 男性向け
　　④ 英語だけでなく

❷ 단어의 쓰임새

1　① 発売した
　　② 増えて
　　③ 熱中して
　　④ 利用する、発展し

2　① 運動不足を解消するために、毎日1時間ランニングをすることにしました。

　　② バレンタインデーに友達にチョコレートを贈ることが主流になりました。

　　③ この番組では毎回、世界中の珍しいペットを紹介しています。

④ 彼女の目的は有名になることではなく、困っている人の役に立つことでした。

회화

① 発売された
② 子ども向け
③ 珍しい
④ もちろん
⑤ 見ているうちに
⑥ 解消
⑦ 熱中する

독해문제

1 2002年のワールドカップ共同開催。

2 最初の韓流ブームは、40代・50代の女性が中心でしたが、最近では、ドラマや映画だけでなく、韓国の音楽も人気になり、若い人たちや男性にまでブームが広がっていること。

3 BoAや東方神起やBIGBANG、KARAや少女時代がいる。

4 日本語で会話ができるため、ファンとコミュニケーションが取れて、日本のファンも彼らに親しみが感じられるから。
　歌やダンスのレベルが新人とは思えないほど上手だから。
　礼儀正しい姿や努力する姿を見て、応援したいと思う人が多いから。

5 韓国という国に親しみや良いイメージを持つ人が増えるようになったこと。
　韓国料理や韓国旅行の人気も高まったこと。

연습문제

❶ 문형

1　① きっかけとして
　　② かけては
　　③ よって
　　④ ほど

2　① 参加したことをきっかけとして
　　② 母の手料理ほど
　　③ バイクの事故によって
　　④ ワインにかけては

❷ 단어의 쓰임새

1　① 応援する
　　② 高まって
　　③ 進出する，進出し
　　④ 出演しました

2　① ソウルの冬は東京に比べて寒さが厳しいです。
　　② 日本に関心を持ったきっかけは、アニメでした。
　　③ 韓国のポップカルチャーは、確実にアジアに広がっています。
　　④ 韓国と日本は、これからさらに身近な関係になるでしょう。

① 厳しい
② 積んで
③ 新人
④ 出演した
⑤ 親しみ
⑥ 努力して
⑦ きっかけ
⑧ 広がって
⑨ お互い
⑩ 関係

3　オタク

1　マンガやアニメ、ゲームなどのポップカルチャーに強い興味を持つ人。

2　ファンがキャラクターの服装や髪型を真似すること。

3　趣味のためにたくさんお金を使う人が多いから。

4　重大な事件を起こした犯人がゲームやマンガが好きだったという報道があったこと。

5　オタクは理解できない、という偏見を持たずに、その人自身の個性や魅力を認めようとする姿勢を持つこと。

❶ 문형

1　① がち
　　② よう
　　③ せい
　　④ したがって

2　① 差別されがち
　　② 表現しようがない
　　③ 変化するにしたがって
　　④ 失敗したせいで

❷ 단어의 쓰임새

1　① 魅力
　　② 連想する
　　③ 対する、広まって
　　④ 印象

2　① コンピュータに詳しい人を探しているのですが、誰か知り合いはいませんか。
　　② 土曜日までに必要な資料をまとめて課長にメールで送ってください。
　　③ 芸能人は自分の行動が世間に与える影響を考えなければなりません。
　　④ 彼は自分の目的を追求するために、全てを犠牲にするつもりです。

① 規模
② キャラクター
③ 連想しちゃう
④ にしたがって
⑤ ファン
⑥ 真似したり
⑦ 否定しようがない
⑧ 認めろ

독해문제

1 同じところ：ほっぺたに大きいこぶがあること。
違うところ：一人のおじいさんはこぶのことは全然
気にしていない、優しい人でしたが、もう一人のお
じいさんは、こぶがとても気になっていて、いつも
怒ってばかりいる意地悪な人だったこと。

2 最初は怖かったが、しばらくすると怖さを忘れて踊
り出した。

3 おじいさんの踊りが上手だったので、次の日も来る
ようにこぶを預かったから。

4 自分も鬼にこぶを取ってもらおうと思い、夜になる
と森に出かけて行った。

5 踊りが下手だったから、鬼にもう一つのこぶをつけ
られてしまって苦労した。

연습문제

❶ 문형

1 ① だろう
　② なんか
　③ しかたがない
　④ ところ

2 ① 行ったところ
　② 歴史なんか
　③ 楽しいんだろう
　④ 食べたくてしかたがない

❷ 단어의 쓰임새

1 ① 苦労した
　② 思い切って
　③ 夜明け
　④ 意地悪な

2 ① 鬼が立ち上がってこちらを見たので、足が震
えました。

　② 日本人たちが楽しそうに話していたので、思
い切って輪の中に入りました。

　③ 雨が降っていたので、夜明けまで雨宿りをし
ました。

　④ 兄から1か月間、子供を預かりましたが、苦
労しました。

회화

① ほっぺた
② ほっぺた
③ 雨宿り
④ 鬼
⑤ 輪
⑥ 思い切って
⑦ 夜明け
⑧ 立ち上がって
⑨ 預かる
⑩ 鬼
⑪ 震えて

독해문제

1 ワンワン、ニャーニャー、ブーブー、コケコッコ
ー、ヨチヨチ、トボトボ、ザーザー、ポツポツ、パ
ラパラ、シーン、プリプリなど。

2 他の言語に比べて動詞や副詞の数が少ないから。

3 雨の降る強さや様子をイメージすることができるか
ら。

4 文字だけでインパクトが出るうえに、その音や状態
を分かりやすく伝えることができるから。

5 自分が聞いた音をそのまま言葉で表現する。

연습문제

❶ 문형

1 ① うえ
　② も
　③ こそ
　④ ほど

2 ① 休むほど
　② 遅刻したうえ
　③ 思うからこそ
　④ なければ

❷ 단어의 쓰임새

1 ① 特に
　② 伝えれば

③ 表して
④ 比べて

2 ① 彼の作る音楽は、喜びや悲しみなどの人間の感情を表現しています

② セミが鳴いている声を聞くと、夏が来たと思います。

③ 先月仕事を辞めてから、ずっと働いていない状態です。

④ 割れたガラスを踏まないように気をつけてください。

회화

① 鳴いている
② 他の
③ 比べる
④ 表して
⑤ 違えば
⑥ 知れば知るほど
⑦ からこそ
⑧ 表現できる

6 大学生活

독해문제

1 自宅から学校まで遠くて通えないからという人もいるし、自立のためという人もいる。

2 様々な費用がかかったり、それまで両親にやってもらっていたことを全て自分一人でしなければならないこと。

3 経済観念や自立心が身につくし、自由で気楽な生活もできること。

4 アルバイトやサークル活動、旅行や留学など、やりたいことに時間を使う。

5 自分自身を見つめ直し、自分をよく知ること。

연습문제

❶ 문형

1 ① すると
　② からは

③ 違いない
④ かかわりなく

2 ① 年齢や性別にかかわりなく
② 泣いたに違いない
③ 引っ越してからは
④ 貯金できるとすると

❷ 단어의 쓰임새

1 ① 経済観念
② 挑戦し
③ 自由だ
④ 好奇心

2 ① 卒業後の進路を、真剣に考えなければならない。

② 大学生の時、一人暮らしをすると、早く自立できる。

③ 一人暮らしは快適だが、自己管理をしなければならない。

④ 就職活動をすると、理想の仕事と現実の自分自身に苦しむ。

회화

① 自由
② 気楽な
③ ゴミ出し
④ 山ほど
⑤ 仕送り
⑥ 自宅
⑦ 自立
⑧ 光熱費
⑨ 食費
⑩ 将来

7 恋愛・結婚

독해문제

1 女性に縁がないわけではないのに、恋愛に対して積極的ではない男性のこと。

2 結婚願望がないわけではなく、「いずれ結婚するつもり」だと考えている。

3 もともと積極的にリードしていくタイプではないから。

4 結婚になかなか積極的になれない人や、結婚したいのに良い出会いがない人にいい。

5 結婚相談所や、お見合いサイト、結婚パーティーの会社などがある。

❶ **문형**

1 ① としても
② に対して
③ わけではない
④ ようがない

2 ① 悲しむとしても
② 参加しなければならないわけではない
③ お年寄りに対して
④ 作りようがない

❷ **단어의 쓰임새**

1 ① 結婚相談所
② 出会い
③ 気になる
④ 願望

2 ① お見合いサイトの費用はとても高いです。

② 傷つくのが怖いから(怖くて)、積極的に恋愛しないという人もいます。

③ 男性だけがデートをリードしたり告白したりするほうがいいというのは、古い考えです。

④ ある調査結果では、今独身の人も、結婚したいという願望を持っている人が多いようです。

회화

① 願望
② 婚活
③ お見合いサイト
④ 結婚相談所
⑤ 草食系
⑥ 出会い
⑦ 積極的
⑧ 気になる
⑨ 誘えば
⑩ 告白

8 携帯電話依存症

독해문제

1 携帯電話に依存し、それなしでは生活できなくなってしまった状態。

2 便利になれば便利になるほど、生活の中で携帯電話を使う機会が多くなったから。

3 携帯電話を使いすぎて高い使用料を払う人などがいたり、携帯電話を使いながら車を運転することで交通事故を起こしたりすること。

4 好きな人とメールのやり取りをすることや、メールのやり取りから生まれた恋愛関係。

5 顔を合わせる機会やコミュニケーションが減る。

연습문제

❶ **문형**

1 ① もちろん
② から
③ ほど
④ うち

2 ① 留学するからには
② 食べれば食べるほど
③ 静かなうちに
④ 韓国はもちろん

❷ **단어의 쓰임새**

1 ① 頼ら
② 支配する
③ 困って
④ 備えて

2 ① この事件に関して、第三者の立場から意見を聞きたいです。

② 恋人に依存すると、相手にとっても負担になり、自分も自立することができません。

③ 二人の言葉のやり取りはまるで漫才のようで、笑ってしまいました。

④ 健康のためには、規則正しい生活とバランスのとれた食事が欠かせません。

① 依存しすぎ
　　いぞん
② からには
③ 払ってくれて
　　はら
④ おかしな
⑤ もちろん
⑥ ほとんど
⑦ 頼る
　　たよ
⑧ 当たり前
　　あ　　まえ
⑨ すればするほど

9　ファッション

독해문제

1　短いスカートをはいて足を出したり、足を長くきれいに見せるためにハイヒールをはくというファッション。

2　元々、服を着る目的は、体を守るためだったが、これらのファッションは、美しさや個性を重視したスタイルだと言えること。

3　ファッション雑誌やインターネットで化粧の方法を研究して、毎日長い時間をかけてメイクする。

4　これまで女性だけのものだと思われてきたファッションをしてみる若い男性が増えた。

5　男なのにそんなファッションをするのは理解しきれないという声が、まだ残っていることはいるが、自由な考えや個性を受け入れる雰囲気が社会の中にも広がってきている。

연습문제

❶ 문형

1　① きれない
　　② ことは
　　③ といっても
　　④ とか

2　① 買うことは買った
　　② 暑いといっても
　　　　あつ
　　③ 台所の広さとか駅までの距離とか
　　　　だいどころ　ひろ　　　えき　　　　きょり
　　④ 数えきれない
　　　　かぞ

❷ 단어의 쓰임새

1　① 受け入れられ
　　　　う　　い
　　② 願い
　　　　ねが
　　③ シンプルな
　　④ 基準
　　　　きじゅん

2　① ファッションは、性別や世代を超えて楽しむものです。
　　　　　　　　　　　　　せいべつ　せだい　こ　　たの
　　② 弟は個性を重視したファッションをします。
　　　　　　こせい　じゅうし
　　③ 同じ服を着ても、人によって雰囲気は違います。
　　　　　　ふく　き　　　　　　　　ふんいき　ちが
　　④ メイクをしたり、アクセサリーに気を使う男性をどう思いますか。
　　　　　　　　　　　　　　　　　　き　つか　だんせい

회화

① 特徴
　　とくちょう
② 雰囲気
　　ふんいき
③ 髪型
　　かみがた
④ 個性
　　こせい
⑤ 元々
　　もともと
⑥ 年代
　　ねんだい
⑦ 性別
　　せいべつ
⑧ 超えて
　　こ
⑨ 基準
　　きじゅん
⑩ 研究し
　　けんきゅう

10　食文化

독해문제

1　国によって料理に使う素材や味つけ、盛りつけや料理の方法もさまざまだから。

2　基本的に味つけがうすく、ヘルシーなものが多いというイメージ。

3　ラーメン、カレーライス、カリフォルニアロール。

4　ご飯を左、みそ汁を右に置き、その前に箸を横にして置くこと。食べる時は器を手に持って、箸で食べる。

5　料理や食事のマナーを知ることは、その国の文化を知ることだから。言語だけでなく、文化を知ってはじめて、その国のことを本当に理解できるから。

❶ 문형

1　① では
　　② もとに
　　③ はじめて
　　④ とは

2　① 事件をもとに
　　　じけん
　　② 熱では
　　　ねつ
　　③ 幸せとは限らない
　　　しあわ　　　かぎ
　　④ 出会ってはじめて
　　　で　あ

❷ 単語の 쓰임새

1　① 通じる
　　　つう
　　② 楽しみ
　　　たの
　　③ 理解すること
　　　り かい
　　④ 受け入れられ
　　　う　い

2　① ホームページに書いてある方法をよく読んで、
　　　　　　　　　　　　　　ほうほう　　　よ
　　　予約してください。
　　　よやく
　　② 相手の目を見て正直に話せば気持ちは伝わり
　　　あいて　　　　しょうじき　　　　きも　　　つた
　　　ます。
　　③ 失礼な人だと思われないように、しっかりマ
　　　しつれい
　　　ナーを勉強しましょう。
　　　　　べんきょう
　　④ 基本的にこの店は全席禁煙に(と)なっています。
　　　きほんてき　　みせ　ぜんせききんえん

会話

　① 味つけ
　　あじ
　② 盛りつけ
　　も
　③ 失礼な
　　しつれい
　④ 注意されてはじめて
　　ちゅう い
　⑤ マナー違反
　　　　いはん
　⑥ 通じるとは
　　つう
　⑦ イメージ
　⑧ 基本的に
　　きほんてき
　⑨ 食べることさえ
　⑩ 受け入れられるように
　　う　い
　⑪ アレンジして

11　日本の行事

독해문제

1　多くの魚が滝を登ろうとした時に、コイだけが登り
　きって竜になったという中国の昔話があるから。

2　七夕は織姫と彦星が一年に一度だけ会える日で、人
　々の願いもかなえてくれるという伝説があるから。

3　ススキの葉やだんごなどを置き、皆で食事やお酒を
　楽しみながらきれいな月を見る行事。

4　新しい年を祝い、お世話になった人に年賀状を出し
　たり、子どもにお年玉をあげたり、初もうでに行っ
　たりする。

5　皆で楽しみながら、健康や幸福を願うためにするもの。

연습문제

❶ 문형

1　① いうのは
　　② かけて
　　③ 通して
　　　とお
　　④ して

2　① 学校生活を通して
　　　がっこうせいかつ　とお
　　② きっかけにして
　　③ 幸運というのは
　　　こううん
　　④ 夏にかけて
　　　なつ

❷ 単語의 쓰임새

1　① 祝って
　　　いわ
　　② かざられ
　　③ 登ろう
　　　のぼ
　　④ 迎えよう
　　　むか

2　① このグラフは色がはっきりしているので分か
　　　　　　　　いろ
　　　りやすいです。
　　② 去年の夏に種をまいたので、もうすぐ花が咲
　　　きょねん　なつ　たね　　　　　　　　　　はな　さ
　　　くでしょう。
　　③ ここで転ぶと３年で死んでしまうという伝説
　　　　　ころ　　　　　し　　　　　　　　　　でんせつ
　　　があります。
　　④ たくさんお金をかせぐことがえらいことだと
　　　　　　　かね
　　　は言えません。

① かざって
② 願う
③ こいのぼり
④ モデルにして
⑤ えらくなる
⑥ たんざく
⑦ というのは
⑧ かなえてくれる
⑨ 伝説

12 野口英世

독해문제

1 1歳の時、左手をやけどして、指がくっついて使えなくなってしまったから。

2 一生懸命勉強したおかげで優秀な成績が認められたから。

3 先生や友達が集めてくれたお金で、左手の手術を受け、指が使えるようになったこと。
（左手の手術をきっかけに、医者を目指すようになったこと。）

4 医者として働くばかりでなく、講師として教えたり、細菌学の研究をしたりした。

5 お金がなくても、体が不自由でも、一生懸命努力すれば、夢はかなえられるというメッセージ。

연습문제

❶ 문형

1 ① かわり
② しか
③ ばかり
④ 最中

2 ① 日本ばかりでなく
② 勉強している最中
③ 水のかわりに
④ 行くしかなかった

❷ 단어의 쓰임새

1 ① 目指し

② おとずれ
③ 解明されて
④ かなえられ

2 ① 熱いお湯が入ったやかんにさわって、やけどしてしまいました。

② 父の会社を継ぐために、大学で経済学を勉強しています。

③ 彼女が初めてコンクールで優勝したのは、わずか6歳の時のことでした。

④ 成功は少しずつ積み重ねてきた努力の成果です。

회화

① 貧しかった
② ノーベル賞
③ 幼い
④ きっかけ
⑤ なるしかない
⑥ ばかりでなく
⑦ 最中
⑧ わずか
⑨ かなえて
⑩ かわりに
⑪ 天才

13 病気と健康

독해문제

1 生活が豊かになったり、医学が進歩したりしたから。

2 食べすぎや運動不足。

3 時間ばかり気にして、なかなか休むことができなかったり、人との関係や色々な問題で悩んだりすること。

4 規則正しい生活を心がけること。タバコの吸いすぎや、お酒の飲みすぎに気をつけること。何かに悩んだ時、心がつらいと感じた時には、一人でがまんせず、誰かに話してみること。

5 どんなに医学が進歩しても、自分の体と心を一番よく分かっているのは自分自身であるから。

❶ 문형

1　① 反面
　　　　はんめん
　　② から
　　③ おかげ
　　④ はず

2　① 言うはずがない
　　② 努力したおかげで
　　　　どりょく
　　③ 仲が良い反面
　　　　なか
　　④ 多いことから／多かったことから

❷ 단어의 쓰임새

1　① 悩んで
　　　　なや
　　② 増えて
　　　　ふ
　　③ 進歩すれ
　　　　しんぽ
　　④ 心がけて
　　　　こころ

2　① 運動したり、よく寝たりして、ストレスをた
　　　　うんどう　　　　ね
　　　めないようにしましょう。

　　② 昔の人の暮らしを調べてみると、さまざまな
　　　　むかし　　　く　　　しら
　　　工夫をしていたことが分かります。
　　　　くふう

　　③ 子どもはたくさん遊ばせてのびのびと育てる
　　　　　　　　　　　あそ　　　　　　　　そだ
　　　ことが大切です。
　　　　　たいせつ

　　④ 何年も勉強しているのに、なかなか英語が話
　　　　なんねん　べんきょう　　　　　　　えいご
　　　せるようになりません。

① 増えちゃって
　　ふ
② ストレス
③ 原因
　　げんいん
④ なかなか
⑤ 足りない
　　た
⑥ やせるはずがない
⑦ がまんしよう
⑧ 規則正しい
　　きそくただ
⑨ おかげで
⑩ ためない

14 名前

1　地名や職業、風景など。

2　「家族は皆同じ名字の方がいい」「日本の伝統である」
　　などの反対意見があるから。

3　漢字の意味より音の響きを重視した名前や、中性的
　　な名前。

4　名前の読み方を自由に決められるため。

5　自分の看板。（皆に呼ばれて、覚えられるためのもの。）

❶ 문형

1　① 一方
　　　　いっぽう
　　② とのこと
　　③ ほしい
　　④ かわって

2　① 戻ってほしい
　　　　もど
　　② 携帯電話にかわって
　　　　けいたいでんわ
　　③ 悪くなる一方
　　　　わる　　　　いっぽう
　　④ 降り続くとのこと
　　　　ふ　つづ

❷ 단어의 쓰임새

1　① 歴代
　　　　れきだい
　　② 価値
　　　　かち
　　③ 伝統
　　　　でんとう
　　④ 流行
　　　　りゅうこう

2　① テーブルごとに配られたプリントを見てくだ
　　　　　　　　　　くば
　　　さい。

　　② 面接の時には学歴よりもその人の性格を重視
　　　　めんせつ　とき　がくれき　　　　　　せいかく　じゅうし
　　　します。

　　③ 探検隊はジャングルの中で珍しい虫を発見し
　　　　たんけんたい　　　　　　　めずら　むし　はっけん
　　　ました。

　　④ オランダでは法律で同性結婚が認められてい
　　　　　　　　ほうりつ　どうせいけっこん　みと
　　　ます。

① 珍しい
　　めずら
② 初対面
　　しょたいめん
③ 由来している
　　ゆらい

④ ルーツだろうとのこと
⑤ フルネーム
⑥ つけてほしかった
⑦ 中性的
⑧ 減る一方
⑨ 流行

15 家族関係と性格

1 少なくなっている。

2 兄弟が５人・６人と多くいたし、おじいさん・おばあさんとも一緒に暮らす大家族が一般的だった。

3 兄弟が多いと、上の子は両親を手伝って、弟や妹の世話をすることがよくあったから。

4 愛情やお金をかけて守る大切な存在になった。

5 「甘えん坊」だったり「マイペース」で「個性的」という特徴がある。

연습문제

❶ 문형

1 ① とって
　② つれて
　③ ことになる
　④ 通じて

2 ① 一人暮らしの老人にとって
　② 暑くなるにつれて
　③ 大学の友達を通じて
　④ 習ったことになる

❷ 단어의 쓰임새

1 ① 出生率
　② 核家族
　③ 世話
　④ 一般的、几帳面

2 ① この調査で、大都市では出生率が下がっていることが分かりました。
　② 最近は一人っ子が多いので、同じくらいの年の子と遊ぶことが少ないです。

③ 男の子は、真面目よりもマイペースで社交的なほうがいい。

④ 子供の成長には、手をかけて守ってくれる人が必要です。

회화

① 調査
② 出生率
③ 大都市
④ 一人っ子
⑤ 手をかけ
⑥ マイペース
⑦ 性格
⑧ 世話
⑨ しっかりしている
⑩ 影響

16 外国語教育

독해문제

1 英語の点数。

2 妊娠中から。

3 小学校に入る前から英語の塾に通う子どもも多くいる。

4 言葉を習うときには、「臨界期」というものがあるので、子どもがネイティブ・スピーカーのような自然な言葉を身につけて将来に備えられるようにするため。

5 最初に覚えた言葉を忘れてしまったり、自分の国の言葉が発達しなくなることがある。

연습문제

❶ 문형

1 ① となると
　② ざるを得ない
　③ でさえ
　④ までして

2 ① くだものでさえ
　② そんなことまでして

③ 中止せざるを得ない

④ 留学するとなると

❷ 단어의 쓰임새

1 ① 塾

② 学ぶ、英語圏

③ しっかりと

④ 効果

2 ① 将来に備えて、英語の勉強をします。

② 言葉を勉強するのに適する時期については、専門家でも意見が違います。

③ ネイティブ・スピーカーのような自然な英語が話せるようになりたいです。

④ グローバル社会なので、就職の時にも英語の点数が必要です。

① 塾

② 習っている

③ 通って

④ 読み書き

⑤ 学習

⑥ 将来

⑦ 備えて

⑧ 学ばせた

⑨ 就職

⑩ しっかり

17 血液型

1 人間の血液型が4種類あるということ。

2 日本の心理学者、古川竹二が研究を始めて、第二次世界大戦後にどんどん注目を集めるようになった。

3 関連性は見つからなかった。

4 真面目で几帳面で、気配りが上手で、礼儀正しいこと。

5 保守的で頑固なところ。

❶ 문형

1 ① 基づく

② しても

③ 関する

④ わけがない

2 ① 間に合うわけがない

② 料理に関する

③ 身長に基づく

④ 怒っているにしても

❷ 단어의 쓰임새

1 ① 認められ

② どんどん

③ 信じて

④ 追求する

2 ① 姉は自分の感情に素直ですが、他の人へ気配りもできます。

② 第二次世界大戦後、日本では血液型性格診断が人気になりました。

③ この本には、それぞれの血液型の性格の特徴が書いてあります。

④ 野口さんは楽天的ですが、繊細で保守的なところもあります。

① マイペース

② 自己中心的

③ 社交的

④ ロマンチスト

⑤ 頑固

⑥ 種類

⑦ 性格

⑧ 関連性

⑨ 分類

⑩ 特徴

18　スポーツ

독해문제

1　小さいときから地域のスポーツチームなどで、スポーツを習ったり、中学校や高校でも、部活動などを通して継続的にしている。

2　部活動がないため、子どもたちが継続的にスポーツをすることは、あまり多くない。

3　2018年の冬季オリンピック開催が決定したから。

4　国にとっての名誉のみならず、経済的な発展も期待される。

5　高い金額をかけて施設を作ったあげく、オリンピックの後にそれが活用されないと、その後の発展につながらずに赤字に苦しむこと。

연습문제

❶ 문형

1　① のみならず
　② あげく
　③ 伴って
　④ ついでに

2　① 引っ越しに伴って
　② 図書館に行くついでに
　③ なれなかったあげく
　④ 参加するのみならず

❷ 단어의 쓰임새

1　① 得ました
　② 力が入ります
　③ 参加しない
　④ つながります

2　① 継続的に運動をすると、忍耐力が身につきます。
　② 中学生は、この競技に必ず参加してください。
　③ オリンピックのために、宿泊所を整備しました。
　④ オリンピック開催の後、赤字に苦しむ危険もあります。

회화

① 応援
② 部活動
③ 競技
④ 厳しい
⑤ 感動
⑥ 忍耐力
⑦ 身につき
⑧ 開催
⑨ 優勝する
⑩ 願って

19　動物保護

독해문제

1　調査した約４万７千種の動植物のうち、１万７千種以上が絶滅の危機にあること。

2　ジャイアントパンダ、ライオン、ゴリラなど、私たちがよく知っている多くの動物たち。

3　都市開発のために森林の木を切ることや、工場から汚染物質を出すことなど、人間による環境破壊。また、地球温暖化や酸性雨などの影響。

4　人間と動物と植物は互いに関係し、つながりあって生きているから。

5　ごみを減らすこと、環境にやさしい製品を買うこと、森林を守ることなど。

연습문제

❶ 문형

1　① よると
　② かぎり
　③ 以来
　④ 限らず

2　① 入学して以来
　② リンゴに限らず
　③ 終わらないかぎり
　④ 報告書によると

❷ 단어의 쓰임새

1 ① 消えて

② ますます

③ それぞれ

④ わずか、減らし

2 ① 彼の両親はしつけが厳しく、自由に外に遊び
に行くこともできません。

② 今回の交通事故の要因はタクシー運転手の居
眠り運転でした。

③ この森の中に生息する生物の種類は100種に
ものぼるそうです。

④ 地球温暖化防止のためにエネルギー削減に取
り組んでいくつもりです。

회화

① によると

② 絶滅しそう

③ 環境

④ 生きる

⑤ 栄養

⑥ ますます

⑦ 奪われる

⑧ 出来るかぎり

⑨ 取り組んだ

20 観光業

독해문제

1 毎日の生活を忘れて心を軽くし、きれいな景色を見
ながらおいしい物を食べること。

2 1200年以上も前からずっと日本の歴史の中で重要な
都市として発展してきた。
今でも、古い寺や神社、宮殿といった観光名所がた
くさん残っている。

3 名物のお菓子や京野菜で作った漬物、かわいい小物
やポストカードなど。

4 市内の電車が整備されていないため、外国人や車を
持っていない人には、ツアー以外で観光することが
難しい。

5 慶州は、新しい都市と古い遺跡とのコントラストが
はっきりしているが、京都は20メートル以上の建物
を建ててはいけないという決まりがあるので、古い
町並みや伝統的な建物が多い。

연습문제

❶ 문형

1 ① といえば

② つつある

③ といった

④ こそ

2 ① せんぷうきやエアコンといった

② この場所こそ

③ 内藤さんといえば

④ 忘れつつある

❷ 단어의 쓰임새

1 ① 伝統的

② 名物

③ 発展して

④ 町並み

2 ① 国を越えて気軽に旅行ができるようになりま
した。

② 旅行では、移動するときも、外の景色や建物
を見るのがおもしろいです。

③ おみやげには、名物の漬物を買うつもりです。

④ 古い寺や神社、宮殿を見ると、その町の歴史
を知ることができます。

회화

① おみやげ

② 名物

③ お寺

④ 都市

⑤ 伝統的な

⑥ 残って

⑦ 歴史

⑧ 名所

⑨ 景色

다락원 일본어 독해

-초급에서 중급으로-

지은이 古賀万紀子 · 青木優子
펴낸이 정규도
펴낸곳 (주)다락원

초판 1쇄 발행 2011년 11월 3일
초판 11쇄 발행 2025년 2월 24일

책임편집 송화록, 김은경, 한누리
디자인 구수정, 오연주

다락원 경기도 파주시 문발로 211
내용문의: (02)736-2031 내선 460~465
구입문의: (02)736-2031 내선 250~252
Fax: (02)732-2037
출판등록 1977년 9월 16일 제406-2008-000007호

ISBN 978-89-277-1056-1 18730
     978-89-277-1053-0 (set)

http://www.darakwon.co.kr
- 다락원 홈페이지를 통해 인터넷 주문을 하시면 자세한 어학 정보와 함께 다양한 혜택을 받으실 수 있습니다.
- **독해 본문 및 회화 해석, MP3**(무료)는 다락원 홈페이지 학습 자료실에서 다운로드 받으실 수 있습니다.